MARCHA
CONTRA O SABER
o Golpe Militar de 1964 e o AI-5
na Universidade de São Paulo

MARCHA
CONTRA O SABER
o Golpe Militar de 1964 e o AI-5
na Universidade de São Paulo

Carlos Giannazi

Prefácio de Vladimir Safatle

São Paulo
2014

© Carlos Giannazi, 2014
1ª Edição, Global Editora, São Paulo 2014

Jefferson L. Alves – diretor editorial
Gustavo Henrique Tuna – editor assistente
Flávio Samuel – gerente de produção
Danielle Sales – coordenação editorial
Thaís Fernandes – assistente editorial
Fernanda A. Umile e Deborah Stafussi – revisão
Evelyn Rodrigues do Prado – projeto gráfico

Obra atualizada conforme o
NOVO ACORDO ORTOGRÁFICO DA LÍNGUA PORTUGUESA

CIP-BRASIL. CATALOGAÇÃO NA PUBLICAÇÃO
SINDICATO NACIONAL DOS EDITORES DE LIVROS, RJ

G37M
   Giannazi, Carlos
     Marcha contra o saber : o Golpe Militar de 1964 e o AI-5 na Universidade de São Paulo / Carlos Giannazi ; prefácio Vladimir Safatle. - 1. ed. - São Paulo : Global, 2014.

   ISBN 978-85-260-2077-1

   1. Ditadura - Brasil 2. Governo militar - Brasil. I. Título.

14-12565   CDD: 981.063
                                        CDU: 94(81)

Direitos Reservados

global editora e distribuidora ltda.
Rua Pirapitingui, 111 – Liberdade
CEP 01508-020 – São Paulo – SP
Tel.: (11) 3277-7999 – Fax: (11) 3277-8141
e-mail: global@globaleditora.com.br
www.globaleditora.com.br

Colabore com a produção científica e cultural.
Proibida a reprodução total ou parcial desta obra
sem a autorização do editor.

Nº de Catálogo: **3728**

MARCHA
CONTRA O SABER
o Golpe Militar de 1964 e o AI-5
na Universidade de São Paulo

Sumário

Prefácio – Vladimir Safatle 9

Introdução 11

Capítulo 1 17

Capítulo 2 77

Conclusão 159

Bibliografia 169

PREFÁCIO

Dentre a ainda restrita bibliografia a respeito da ditadura brasileira, poucos são os estudos que descrevem, de forma minuciosa, o impacto do totalitarismo na vida acadêmica nacional. No entanto, este é, sem dúvida, um trabalho fundamental, por permitir a compreensão da maneira com que a ditadura transformou os setores da educação nacional em inimigo privilegiado. Impondo uma política arbitrária de cassações, afastamentos e destruição de carreiras, ela foi responsável direta pelo descalabro que ainda sentimos no setor educacional, com suas dificuldades conhecidas. Foram vinte anos de atraso na vida acadêmica, com a implementação de práticas, leis e políticas que ainda hoje interferem nas universidades de forma irracional, em especial nesta que é a maior universidade da América Latina, a saber, a Universidade de São Paulo. Ainda hoje, nos debatemos contra entulhos autoritários, processos opacos de gestão que emperram nossa produção e a possibilidade de nossa universidade ter posição de maior destaque.

Como em várias outras instituições nacionais, as universidades nunca passaram por uma radical depuração em relação aos restos da ditadura. Professores foram reintegrados, em breve alguns monumentos em homenagem às vítimas do período militar serão inaugurados, mas muito falta para alcançarmos a situação de instituição democrática e totalmente voltada para o incentivo à pesquisa e à docência.

Neste sentido, a exaustiva pesquisa de Carlos Giannazi é um exemplo de cuidado no levantamento dos casos e análise do impacto da ditadura na vida universitária. Ao apresentar a extensão da intervenção que nossa universidade sofreu, ele colabora para a produção de uma imagem mais completa a respeito da violência institucional a que a educação nacional foi submetida. Resgatando histórias, memórias, indicando responsáveis, Giannazi ajuda a impedir que o arbítrio caia no esquecimento e que seus efeitos continuem passando em silêncio. Seu trabalho é preciso, exaustivo e profundamente necessário.

Freud dizia que o verdadeiro trabalho de memória passava pela elaboração que nos obriga a voltar várias vezes aos mesmos traumas para que tal repetição possa enfim cortar os efeitos da violência. Hoje, muitos querem impedir que tal elaboração se faça, pressionando de todas as formas para que as exigências de rememoração sejam deixadas de lado. Neste contexto de batalha, trabalhos como o de Giannazi são um instrumento importante, pois as reações aos 50 anos do Golpe mostraram que nada foi feito, que nenhum arrependimento realmente teve lugar. Neste espaço no qual crimes não são sequer reconhecidos, cabe ao historiador a tarefa de dar o nome e o lugar da violência, reconstruir a voz dos que foram vítimas. E isto Giannazi não se furta a fazer... como sempre.

Vladimir Safatle
Filósofo, professor livre-docente da Universidade de São Paulo e colunista do jornal *Folha de S.Paulo*.

Introdução

O impacto causado pela edição do Ato Institucional n. 5, de 13 de dezembro de 1968, e mais de toda a legislação de exceção que o antecedeu e o seguiu, não se limitou, evidentemente, ao âmbito da Universidade de São Paulo (e suas faculdades e institutos) e ao ensino superior em geral, aos centros de pesquisa científica e à pessoa dos intelectuais, cientistas e artistas. Ao contrário, desabou sobre toda a sociedade brasileira, não havendo, praticamente, nenhum setor da comunidade nacional que dele pudesse de fato se considerar isento.

Atingiu a funcionários públicos civis, mas também fez inúmeras vítimas entre os militares; levou para o ostracismo políticos da oposição, mas igualmente derrubou alguns dos que eram filiados ao partido governamental, quando não se mostraram suficientemente dóceis ao poder castrense; calou intelectuais, cientistas, homens de imprensa e artistas, mas também pessoas comuns; prejudicou a muitos empresários, como do mesmo modo a vários líderes sindicais, assim como a sacerdotes das mais diversas confissões.

Nesse último caso, os mais visados, notadamente, foram os padres católicos mais envolvidos com o *corpus* que ficou conhecido como Teologia da Libertação, assim como um bom número de pastores e os fiéis de várias igrejas protestantes mais influenciadas pela ação do *aggiornamento* iniciado com a aproximação entre as suas igrejas e o catolicismo, desde as modificações que começaram a ocorrer com o muito breve, porém extremamente demarcado, período pontifício de João XXIII.[1]

Nunca pode ser esquecido o caráter do AI-5 como uma aberração jurídica supraconstitucional. O país continuava sendo regido por uma Constituição, a

---

[1] Quanto aos graves problemas de relacionamento da Igreja Católica com a repressão política pós 1964, podem ser consultados, entre outros, os livros de Luiz Alberto Gomes de Souza, sobre um dos mais importantes movimentos estudantis católicos, a JUC (SOUZA, 1984), e o trabalho de interpretação de Luiz Gonzaga de Souza Lima sobre as transformações pelas quais passou a Igreja Católica, no Brasil, no amplo processo de constituição de uma força de tendência reformista, a partir do término da Segunda Guerra Mundial, e das perseguições que os religiosos pertencentes a essa ala sofreram por parte do regime militar (LIMA, 1979).
Encontra-se na obra de Mainwaring um amplo painel da História da Igreja Católica no país, de 1916, com o início da ação pastoral de d. Sebastião Leme, então cardeal do Rio de Janeiro, até 1985, o período em que teve início o governo Sarney (MAINWARING, 1989).
Marcos de Castro dedicou, no livro em que sintetizou a História da Igreja desde os tempos coloniais até os meados do período repressivo, todo um capítulo ao estudo do momento da repressão (CASTRO, 1984). Os três livros estão citados nas referências bibliográficas do nosso trabalho.

de 1967, aliás, bastante autoritária, mas a abantesma legal inventada pelo professor Luiz Antônio da Gama e Silva, naquele momento principal jurista da ditadura – até ser substituído por outro tão autoritário quanto, o professor Alfredo Buzaid, seu colega da Faculdade de Direito da Universidade de São Paulo – era a salvaguarda para o governo atuar livremente sempre que o arbítrio desejasse ultrapassar os limites já por demais dilatados que o quadro legal lhe permitia.

Esse foi o problema que nos preocupou, no que se refere a um delicado e importante momento da vida social e política brasileira, no que se relaciona às sérias repercussões sobre a vida universitária brasileira, em especial sobre os cursos de ciências humanas, notadamente o caso da Faculdade de Filosofia, Ciências e Letras da Universidade de São Paulo, já imediatamente ao golpe militar de 1º de abril de 1964 e posteriormente ampliadas, com as sérias restrições que foram impostas à Faculdade de Filosofia, Letras e Ciências Humanas, como a entidade passou a ser denominada após a reforma universitária imposta pelo governo de força em 1968.

Enfim, a legislação de força colocada em prática pela ditadura atingiu muitos outros segmentos da vida social brasileira. Rigorosamente, apenas os homens que faziam parte direta do governo podiam se sentir seguros, e mesmo sobre esses era comum haver fiscalização da entidade destinada a fazer esses trabalhos, o Serviço Nacional de Informações, um órgão de espionagem diretamente subordinado ao presidente da República, ao qual assessorava, e que com o passar do tempo acabou ganhando um elevado grau de autonomia, a ponto de até se conceder o luxo de sonegar ou distorcer informações ao próprio chefe do Executivo. E como não podia deixar de ser, em se tratando de crescimento desmedido e autonomizado de uma ampla burocracia secreta, acabou mesmo chegando à pura e simples bisbilhotagem da vida íntima das pessoas que espionava.

Limitamos nossa pesquisa especificamente ao âmbito compreendido pelos cursos de Ciências Humanas da atual Faculdade de Filosofia, Letras e Ciências Humanas da Universidade de São Paulo e que na época das primeiras cassações e intervenções ditatoriais se chamava, desde a sua fundação em 1934, Faculdade de Filosofia, Ciências e Letras, mudando sua denominação apenas com a reforma universitária de 1968. Fizemos essa escolha para não estender excessivamente o âmbito da pesquisa, o que excederia os limites de um trabalho de dissertação de mestrado, ainda que saibamos que muitas outras instituições universitárias da Universidade de São Paulo e do país também se viram igualmente atingidas, assim como um gênero de entidade estreitamente correlacionado ao ensino superior, os diversos institutos de pesquisa científica, alguns deles independentes, outros integrantes das universidades públicas.

Citamos, portanto, os casos de perseguição nas demais unidades da Universidade de São Paulo e de outras instituições de ensino superior de maneira mais sucinta. Isso porque não dá para deixar de considerar que duas das demais faculdades tradicionais – a de Medicina e a Escola Politécnica – eram cerrados espaços de enfrentamento entre os docentes, em que os mais antigos, mais tradicionalistas, mais conservadores e, muitas vezes, profundamente reacionários, até aquele momento não se conformavam com a integração de seus feudos no interior de uma universidade que buscava a mais ampla abrangência.

Eram dos espaços de conflitos, porque já abrigavam alas menos conservadoras, sempre sob as suspeitas dos adversários mais caturras, que, quase sempre ao abrigo das cátedras, procuravam fortalecer seus grupos de poder – as assim chamadas panelinhas – e debilitar os grupos concorrentes, que viam como ameaças a seus privilégios.

Além disso, havia um elemento nunca ausente na vida universitária brasileira, bem como na nossa vida institucional, genericamente. Trata-se do carreirismo, o desejo de ascender rapidamente aos postos da burocracia, não somente, em se tratando do âmbito universitário, dos méritos decorrentes das pesquisas, teses e publicações, mas, principalmente, dos relacionamentos pessoais estabelecidos.

Quanto à terceira entidade universitária tradicional, a Faculdade de Direito, o campo de luta era muito mais restrito, porque lá predominava, de maneira visível a olho nu, o mais carranca dos conservantismos. Nomes como o de Gama e Silva ou Buzaid, se eram exponenciais no seu reacionarismo, estavam longe de ser os únicos.

A relativa limitação da pesquisa a esses cursos da Faculdade de Filosofia, Letras e Ciências Humanas da Universidade de São Paulo tem uma vantagem metodológica adicional, que, todavia, não é menos significativa. Trata-se da sua melhor delimitação, uma vez que, apesar de haver o Ato Institucional n. 5 atingido a instituição universitária brasileira de modo amplo, como um todo, nos campos do ensino superior e da pesquisa científica, as parcelas mais significativas de seus maléficos efeitos se concentraram sobre os professores dessa entidade. Por isso, inicialmente, pensávamos até que o desenvolver da pesquisa permitisse, mesmo, a formulação de um perfil característico da vítima das citadas arbitrariedades, nos meios científico e universitário.

Esse perfil, infelizmente, não foi possível de ser conseguido, até o momento, uma vez que tivemos extrema dificuldade para que pudéssemos proceder à realização de entrevistas com os professores cassados e aposentados por força dos atos de força do Golpe de 1964. Desse modo, tivemos que nos restringir, de modo quase que absoluto, à pesquisa bibliográfica referente ao período de arbítrio em questão e às publicações realizadas pela Universidade de São Paulo, no início do período da redemocratização, com a chegada ao poder do presidente João Batista Figueiredo.

Essas publicações, em grande parte, eram feitas em reação às atitudes do então governador do estado de São Paulo, o controvertido engenheiro Paulo Salim Maluf, cujas atividades no Executivo paulista poucas vezes foram favoráveis à Universidade de São Paulo e às suas congêneres, a Unicamp e a Unesp, malgrado a condição daquele político de egresso da Escola Politécnica da Universidade de São Paulo.

Há, ainda, que se considerar o uso do dossiê intitulado *Brasil, nunca mais*, publicado pela Comissão Justiça e Paz da Cúria Metropolitana de São Paulo, sob os auspícios do cardeal dom Paulo Evaristo Arns.[2]

Finalmente, no campo dos documentos primários, há que se fazer a citação das atas das reuniões da Congregação, em que, desde os primeiros dias do Golpe de 1964, a situação do país e da universidade passou a ser discutida.

Esses documentos são de especial importância, uma vez que seus termos explicitam, ainda que sucintamente, as distinções de posições no interior da Faculdade – que, mais tarde, seria desmembrada, dando origem a outras unidades, como os Institutos de Química, Física, Matemática e Geociências, Psicologia e a Faculdade de Educação – e, portanto, refletem as distintas posições dos principais docentes que tinham assento naquele conselho: todos os catedráticos, mais os representantes das demais categorias docentes, além dos representantes do corpo discente.

A periodização do Golpe ao Ato Institucional n. 5

O período central abarcado versa sobre o período compreendido entre os primeiros dias do golpe de 1º de abril de 1964 e a edição do Ato Institucional n. 5, ainda nos tempos em que o poder estava nas mãos do marechal Costa e Silva. Cita, entretanto, a época do governo do ditador general Emílio Garrastazu Médici, ocasião em que ocorreram algumas das aposentadorias compulsórias mais significativas que atingiram a Universidade de São Paulo, em especial, nos seus cursos de ciências humanas. Eram esses, exatamente, os núcleos que con-

---

[2] Especial atenção deve ser dada ao levantamento *Brasil, nunca mais*, realizado por determinação da Cúria Metropolitana de São Paulo, ainda que o objetivo dessa obra, das mais minuciosas, fosse o de arrolar com precisão o número dos casos de tortura, desaparecimentos de presos políticos, nomes e posições sociais de torturadores, civis e militares, financiadores da repressão entre os empresários e similares, e não especificamente abranger o tema das perseguições no meio universitário e a perturbação causada pela ditadura no desenvolvimento da vida científica e intelectual brasileira (COMISSÃO JUSTIÇA E PAZ, 1985, PASSIM).

centravam a maioria dos intelectuais e pesquisadores mais críticos da realidade nacional, e isso tanto nos seus aspectos que já vinham de há muito, dos tempos coloniais – o subdesenvolvimento, a grande dependência econômica, a miséria, os problemas estruturais, portanto –, como os problemas conjunturais que, com o início do autoritarismo institucionalizado com o Golpe, vieram a agravar sobremaneira o quadro nacional.

O período mediado com a ascensão do ditador Médici e terminado com sua entrega do poder ao general Ernesto Geisel, ainda que não tenha sido tão fértil de aposentadorias compulsórias na Universidade de São Paulo – as cassações fundamentais já haviam sido realizadas –, deve necessariamente ser brevemente considerado, por ser o momento em que mais se fez sentir a falta dos docentes afastados, além do clima de terror imperante e do arbítrio institucionalizado.

Cabem também algumas considerações sobre os períodos governamentais de Geisel e Figueiredo, em que ocorreram as políticas de distensão lenta e gradual e de abertura política. A primeira dessas políticas estava caracterizada pela manutenção das aposentadorias compulsórias, entre outros fatores de um autoritarismo ainda bastante acentuado, como podia ser comprovado pelo fato de haver o presidente mantido a prática de promover cassações – ao todo, cassou onze mandatos políticos em seu governo, por motivos variados, e colocou em recesso algumas casas legislativas, após o pronunciamento do Conselho de Segurança Nacional, como o descreveu o general Hugo Abreu – e pela edição de certo número de medidas arbitrárias, como as que estavam incluídas no denominado Pacote de Abril.[3]

Além disso, é preciso ter em mente que foi durante o governo Geisel que ocorreu o assassinato de um jornalista e professor da Escola de Comunicação e Artes da USP, Wladimir Herzog, o Wlado. Episódio gravíssimo, foi um fato essencial para a reação democrática que acabou por conduzir à aceleração do processo de redemocratização, ainda que tal se desse com muitos recuos.

Os documentos

Fizemos inicialmente algumas considerações prévias sobre o tema, com base em obras de historiadores, sociólogos e cientistas políticos, bem como de juristas que estudaram a questão. Consultamos também as opiniões que puderam ser veiculadas na época, quer em jornais, quer em obras jurídicas, sociológicas e políticas. Nesse aspecto, um gênero de documento indispensável para o

---

[3] ABREU, Hugo. *O outro lado do poder*. Rio de Janeiro: Nova Fronteira, 1979. p. 62.

levantamento de pistas, ainda que nem sempre pudesse trazer afirmações categóricas, foram as publicações que no período militar eram denominadas "imprensa alternativa", das quais salientamos os jornais do gênero que, na ocasião, estavam classificados como "imprensa nanica", tais como *Movimento*, *Opinião*, *Fato Novo* etc., entre os que podem ser qualificados como sérios, e o *Pasquim*, do Rio de Janeiro, entre os humorísticos.

Há, ainda, publicações feitas por elementos atingidos pelos atos discricionários, ou dossiês elaborados pelos quadros remanescentes nas faculdades e nos vários departamentos, nos institutos e centros de pesquisas atingidos. Nesse ponto, foi de capital importância o livro de Paulo Duarte, *O processo dos rinocerontes*.[4]

Examinamos principalmente as diversas listas das decretações de aposentadorias e as atas de reuniões da Congregação da Faculdade de Filosofia, à luz dos acontecimentos políticos que as motivaram ou auxiliaram, juntamente com o uso dos textos dos decretos que fizeram as aplicações dessas medidas punitivas. Para isso, recorremos aos arquivos das diversas unidades componentes da Universidade de São Paulo, em especial a sua Faculdade de Filosofia, Letras e Ciências Humanas.

---

[4] DUARTE, Paulo. *O processo dos rinocerontes (Razões de defesa e outras razões...)*. São Paulo: s. ed., 1967.

Capítulo 1

A faculdade de Filosofia da USP e o Golpe de 1964: punições e arbítrio

Os professores e pesquisadores que foram atingidos pelo Golpe de 1964 podem ser, grosso modo, divididos em duas categorias, de acordo com critérios puramente cronológicos, para as finalidades a que nos propusemos realizar neste trabalho. Tais categorias são a dos elementos que receberam as punições militares logo que ocorreu a tomada do poder pelos generais, já nos primeiros dias da ditadura de 1º de abril de 1964, e a dos que acabaram sendo atingidos a partir dos anos subsequentes, em especial depois dos finais de 1968, momento em que foi editado o Ato Institucional n. 5.

As motivações para tais atos punitivos concentraram-se em critérios políticos, ainda que não seja descartável a existência de perseguições pessoais, em muitos casos. Por isso, é possível, também, sua classificação em duas outras categorias, com base nas relações pessoais de cada elemento atingido; uma, que possivelmente seja a que engloba o maior número de vítimas, formada por aqueles que eram a favor das reformas defendidas até o momento do Golpe e que, por isso, foram afastados, como inimigos do regime autoritário, e os que deveram suas punições a motivos que podem ser considerados ainda mais mesquinhos, tais como as perseguições pessoais e vinganças.

Entre os que caíram em desgraça por razões políticas, será possível relacionar, de um lado, os que claramente defendiam a política de Jango Goulart, fossem seus aliados pessoais, fossem pessoas ligadas às forças políticas que o apoiavam, integrantes do bloco que até então estivera no poder sob o regime de equilíbrio precário do pacto populista, fossem, ainda, os que, independentemente dessas ligações, representavam visões críticas do processo histórico e político brasileiro e das instituições sociais excludentes que, desde os tempos coloniais, caracterizam os modos pelos quais se organiza a sociedade brasileira, ainda que os critérios de excludência social possam ter passado por algumas alterações, com o decorrer dos tempos.

Um antecedente desse problema deve ser buscado nas discussões sobre a reforma universitária que estavam sendo feitas antes do Golpe e que depois da queda do regime democrático-populista de Jango foi imposta por decreto. Esse assunto não será visto neste trabalho, em virtude de suas grandes complexidades, devido às diferenças de concepção do que deveria ser uma universidade e quanto ao caráter autoritário com que ocorreu a reforma em questão, uma vez que sua instituição deu-se por decreto impositivo, depois de haver ocorrido discussões apenas entre os intelectuais ligados ao novo regime.

A esse problema estão acoplados dois outros temas de grande importância: a questão do crescente descaso para com a universidade pública, ao lado da paralela concessão de autorização para funcionamento de escolas superiores privadas, quase sempre isoladas, mas algumas com aparência, ou pelo menos, o nome de universidade, mas quase todas primando pela baixa qualidade de ensino e dedicação nula à pesquisa. Essa política federal de ampliação do número das instituições particulares de ensino superior, quase sempre do mais inegável aspecto comercial, concentrou-se principalmente a partir de 1969, pretendendo resolver, de maneira meramente formal, o problema dos candidatos excedentes dos vestibulares habilitatórios, além de contentar a parcela da classe média que até o momento constituía o grosso do apoio político que os militares encontravam para o seu exercício do poder.

Assim, por uma parte, esvaziava-se a universidade pública – ou as raras universidades privadas de alta qualidade – de uma parte considerável dos alunos que a elas poderiam acorrer e lá adquirir visão crítica da realidade brasileira, as únicas em que havia a possibilidade de se dar uma crítica profunda ao sistema político brasileiro instalado pelos militares e a sua clara contestação e, ao mesmo tempo, davam-se oportunidades de ingresso no ensino dito superior – as faculdades particulares comerciais – aos candidatos excedentes das escolas superiores públicas, contentando-se, desse modo, um setor que até aquele momento era majoritariamente favorável ao governo militar.

É evidente que o contentamento que o governo causava a tal setor era grandemente ilusório, uma vez que, no final das contas, o benefício que resultava da abertura praticamente indiscriminada de escolas superiores não ia muito além da mera concessão de um conhecimento dos mais fragmentários, quando não, simplesmente, de diplomas que serviam para dar a seus portadores a ilusão de haverem conseguido uma ascensão social. Mas como o público que buscava tais instituições comerciais de ensino dito superior raramente se preocupava com um real aprendizado, desejando, tão somente, receber o diploma, os alunos pertencentes a essa categoria não seriam universitários dos mais críticos, e sim, dos mais passivos e conformistas.

A ação da direita acadêmica e as perseguições políticas no meio universitário no início da ditadura

A Universidade pública, atingida de maneira bastante grave já em 1964, ao ser colocada sob suspeição, iria conhecer, entretanto, dias ainda piores, os da atuação indiscriminada do Ato Institucional n. 5, documento redigido por um de seus principais juristas, o professor Luís Antônio da Gama e Silva, da Faculdade de Direito do Largo de São Francisco, que então ocupava o cargo de ministro da Justiça do governo Costa e Silva, sendo ainda o reitor licenciado da Universidade de São Paulo. Gama e Silva foi, posteriormente, substituído no ministério por outro jurista autoritário dessa mesma casa, durante o governo Médici, o professor Alfredo Buzaid, que, por sinal, ficara em seu lugar, quando se afastou da Reitoria, para ocupar o Ministério.

Buzaid iria fazer o mesmo largo uso das arbitrariedades durante todo o tempo em que esteve à frente da Reitoria, assim como prosseguiria na sua prática quando ocupou o Ministério.

Os motivos específicos para que ocorresse a edição da medida totalmente antijurídica que foi o AI-5, por seu aspecto supraconstitucional, não cabem nas dimensões deste trabalho, por exigir a demorada exposição de seus motivos e a análise de uma extensa documentação. Entretanto, transcreveremos o ligeiro comentário do historiador Hélio Silva, feito em obra de divulgação sobre o Golpe de 1964. Entende o citado autor que "os governos autoritários criam o pretexto para exercer a violência. O mais comum é o cerceamento das liberdades políticas, a pressão sobre a opinião pública, levando os mais exaltados, os mais moços, ao protesto". Foi desse modo que "o regime militar recrudesceu, com a tomada do poder pelo grupo mais radical das Forças Armadas", de modo que com esse ato abusivo ampliaram-se extremamente os grandes poderes de que já dispunha o presidente Costa e Silva, um membro do setor fardado que recebeu a denominação de linha dura.[1]

Podemos comparar, ligeiramente, esse ato com o famoso Plano Cohen, de 1937, igualmente um pretexto para o endurecimento de um regime que, diferentemente do de 1964, era ainda legal, até a decretação da ditadura. Atrás do Plano Cohen houve militares direitistas, os generais Góes Monteiro, Eurico Dutra e Newton Cavalcanti, como cabeças, e o capitão integralista Olímpio Mourão Filho – um dos futuros generais direitistas deflagradores do golpe de 1º de abril de 1964 – como forjador do pretenso plano para tomada do poder

---

[1] SILVA, Hélio. *1964. Vinte anos de Golpe Militar*. Porto Alegre: L&PM, 1985, p. 63. (Coleção Universidade Livre).

pelos comunistas, e uma equipe de juristas e pensadores políticos igualmente direitistas e favoráveis a um regime forte e centralista, chefiada por Francisco Campos e integrada por Oliveira Viana, Azevedo Amaral e outros de igual formação autoritária. A inspiração militar de tal regime foi, em sua grande maioria, tirada das ideias do autoritário general Góes Monteiro.

Atrás do Ato Institucional n. 5 havia os militares da linha dura, à frente dos quais estava o próprio presidente Costa e Silva, o seu chefe da Casa Militar, general Jaime Portela, e mais o jurista Gama e Silva, igualmente dos mais autoritários. Em sua inspiração encontrava-se a Doutrina de Segurança Nacional e Desenvolvimento da Escola Superior de Guerra, cujo principal teórico era o general-de-brigada da reserva Golbery do Couto e Silva.

Em ambos os casos os objetivos eram os mesmos: fazer o total cerceamento das possibilidades de manifestação dos elementos considerados inimigos do regime, mesmo que se manifestassem pelas vias legais, e permitir ao Executivo a plena concentração de poderes, para que seus planos pudessem ser exercidos sem contestações.

Gama e Silva era um velho inimigo da Universidade de São Paulo, apesar de fazer parte de seu quadro docente, e de ocupar o cargo de reitor, no momento em que ocorreu o Golpe de 1964. Essa sua oposição vinha desde os tempos da fundação da entidade, uma vez que fazia parte do grupo de professores das velhas faculdades tradicionais que, convivendo bem entre si, não viram com bons olhos, entretanto, a criação da primeira instituição universitária paulista, em 1934. E, dentro dessa Universidade, tais professores tinham especial desapreço pela Faculdade de Filosofia, Ciências e Letras.

Com o fato de haver a nova entidade universitária se constituído a partir da união dessas Faculdades tradicionais e da recém-fundada Faculdade de Filosofia, estando esta destinada a ser seu núcleo aglutinador, Gama e Silva encontrou-se entre os que encararam a existência da nova instituição como uma situação concreta, contra a qual nada podia fazer, senão manter a surda animosidade. Aceitou o fato consumado, tal como tantos outros elementos saídos dos cursos tradicionais.[2]

Tornado reitor, esse docente intolerante não iria deixar de perseguir os antigos desafetos e de persistir nos já consagrados preconceitos dos tempos em que era jovem, os da fundação da Universidade de São Paulo. Alfredo Buzaid não diferia dessa sua atitude, no que tocava ao apreço pela Universidade como um organismo integrado, que, tal como Gama e Silva, via como ameaça para seu feudo, a Faculdade de Direito.

---

[2] Paulo Duarte faz inúmeras referências à grande inimizade de elementos pertencentes às faculdades tradicionais com relação à Universidade de São Paulo e, em especial, quanto à Faculdade de Filosofia, Ciências e Letras, em vários volumes de seu livro *Memórias* (DUARTE, 1977-1980, passim).

Essa animosidade pessoal de Gama e Silva contra a Universidade de São Paulo pode ser vista no depoimento de Paulo Duarte, que destacou a manifestação daquele jurista contra a homenagem, feita em 1936, a três dos fundadores da Universidade, Júlio de Mesquita Filho, Cristiano Altenfelder Silva e Armando de Salles Oliveira, quando se manifestou de maneira bastante desabonadora aos homenageados, por meio do jornal do PRP, o *Correio Paulistano*.³

Logo nos primeiros dias do Golpe de 1964, o professor Gama e Silva literalmente apossou-se do Ministério da Justiça, graças às suas grandes relações de amizade com o ainda então general Costa e Silva, que por sua vez, havia feito o mesmo, previamente, com o Ministério da Guerra. Deixando o cargo quando Castelo Branco nomeou os seus próprios ministros, aquele jurista tentou fazer da Reitoria da USP a escada para sua carreira política e passou então a manobrá-la de modo a conseguir uma posição mais elevada, com o apoio de seu amigo general, que se manteve no Ministério da Guerra, impondo-se a Castelo Branco.

Com a subida de Costa e Silva ao governo federal, logo após Castelo Branco, o reitor Gama e Silva retornou formalmente ao Ministério da Justiça, e essa foi a ocasião em que teve a oportunidade de redigir completamente, em termos práticos, o texto do Ato Institucional n. 5.⁴

Quando ocorreu a substituição de Costa e Silva por Garrastazu Médici, esse jurista da ditadura teve um ilustre continuador de seus desmandos na pessoa de Alfredo Buzaid, que muitas vezes agiu como seu porta-voz na assessoria jurídica do arbítrio oficializado, quando ocupava seu posto no Conselho Universitário da Universidade de São Paulo. Passando a integrar o Ministério da Justiça, Buzaid teve muitas oportunidades de fazer aplicar o ato institucional redigido por seu antecessor e correligionário, com a qual concordava em sua totalidade, em virtude da formação claramente direitista que o caracterizava, uma vez que em sua juventude foi militante integralista no interior do estado de São Paulo.

---

³ Quando jovem e redator do *Correio Paulistano*, Gama e Silva hostilizou extremamente a ideia da criação da Universidade de São Paulo e da Faculdade de Filosofia, Ciências e Letras. Pouco depois da criação dessa instituição, Gama e Silva escreveu um artigo bastante hostil a três dos principais fundadores da Universidade, quando a entidade realizou uma homenagem a Armando de Salles Oliveira, Júlio de Mesquita Filho e Cristiano Altenfelder Silva. Fazendo alusão a uma famosa opereta cômica da época, ele alegou ser a Universidade de São Paulo a "casa das três meninas" (DUARTE, 1967, p. 64, nota 1).

⁴ Gama e Silva praticamente tomou de assalto, por conta própria, os Ministérios da Justiça e da Educação e Cultura em 1964, logo após o Golpe, com a concordância de seu amigo Costa e Silva. Quando Castelo Branco formou seu ministério, Gama e Silva teve que deixar o cargo que ambicionava, o Ministério da Justiça, uma vez que o novo presidente não desejava um elemento tão reacionário, além de não admitir arranhões em sua autoridade.

O conservantismo das escolas tradicionais: defesa de privilégios consagrados

Tal atitude, aliás, não era privativa dos professores Gama e Silva e Alfredo Buzaid. Essa era uma disposição de espírito bastante difundida não só na Faculdade de Direito, mas também na Escola Politécnica, como o afirma claramente Paulo Duarte: "É fato notório ser a Faculdade de Direito a entidade menos universitária da Universidade", escreve ele, porque assim age "pelo espírito de clã, da maioria dos professores, pelo seu isolacionismo, fruto de um invencível complexo de superioridade sobre todas as outras, a Faculdade de Direito nunca consentiu medrasse sob as Arcadas o espírito universitário".

Desse modo, a Faculdade de Direito, tal como as demais instituições universitárias tradicionais, estava totalmente privada desse "*quid* que abre a compreensão da juventude para os problemas universais, para os fenômenos sociais, para a unidade da ciência e do conhecimento humano". Com essa atitude, não podia obviamente essa faculdade preparar-se "para uma influência decisiva na organização de uma sociedade atualizada, moderna, que se expande para além das fronteiras da província ou da nação, rumo ao Humano, em direção do qual o mundo caminha", afirma aquele professor e membro da equipe de fundadores da Universidade de São Paulo.[5]

Critica, igualmente, o descaso com que o então diretor da Faculdade de Direito agia na defesa egocêntrica dos próprios interesses daquela unidade da USP, tópico dos mais evidentes, no que toca à questão do regime das cátedras vitalícias. E Duarte cita um caso típico: tratava-se do professor Luís Eulálio de Bueno Vidigal, que se descuidava extremamente das tarefas universitárias, em favor de sua bem-sucedida e muito mais lucrativa carreira de industrial.

Queremos ressaltar que Paulo Duarte era bacharel pela Faculdade de Direito de São Paulo, a mesma entidade que estava criticando, ainda que a maior parte de sua vida profissional houvesse se passado no jornalismo – durante vários anos, foi redator de *O Estado de S.Paulo* – e somente depois de seu segundo exílio na Europa e Estados Unidos, no decorrer do Estado Novo, tivesse se dedicado também à Antropologia, especificamente à Pré-História. Entretanto, apesar de seu ingresso na carreira universitária ter ocorrido somente depois da queda da ditadura getulista, teve ele um papel de destaque no processo de criação da Universidade de São Paulo, quando da iniciativa de Júlio de Mesquita Filho, Armando de Salles Oliveira e Cristiano Altenfelder Silva, nos meados da década de 1930.

---

[5] DUARTE, Paulo. *Memórias*. São Paulo: Hucitec, 1974-1980, p. 83.

Além disso, foi o professor Paulo Duarte o criador do Instituto de Pré-História da Universidade de São Paulo, tendo promovido a sua defesa intransigente com relação ao descaso com que essa unidade foi tratada pela maior parte dos reitores, com exceção de Ulhoa Cintra, ilustre catedrático da Faculdade de Medicina, cuja atuação, na Reitoria da Universidade de São Paulo, Duarte louvou, como uma das mais eficientes em toda a história daquela instituição. Convém notar que a criação do Instituto de Pré-História, em termos institucionais, ocorreu exatamente na ocasião em que o professor Ulhoa Cintra era o reitor da Universidade de São Paulo, dando toda a sua colaboração pessoal para o bom êxito desse empreendimento, com o objetivo de que se pudesse fazer a renovação do espírito universitário, de modo a eliminar os focos de conservantismo que vinham da época de sua fundação e que muito entravavam o seu funcionamento integrado, tal como deve ser o de uma verdadeira universidade.

"O mesmo fenômeno se notava na Escola Politécnica, outro núcleo de resistência contra a integração da Universidade", prossegue ele, em sua análise dos grupos que se aliaram na tarefa de impedir o fortalecimento do espírito universitário em São Paulo. Assim foi, porque nessa instituição tradicional "durante muitos anos predominou o espírito regionalista do politécnico sobre o espírito amplo e vasto da Universidade."[6]

As primeiras vítimas do Golpe Militar: professores e cientistas da USP perseguidos já em 1964

Quanto à visão de Paulo Duarte no que se relaciona ao espírito que presidiu a criação da Universidade de São Paulo, há a ampliação dessa sua ideia por outro elemento de capital importância na formação das primeiras turmas de sociólogos e pensadores sociais brasileiros, Florestan Fernandes, ele mesmo aluno daquela instituição em seus primeiros tempos. "Concebida como uma universidade das elites para as elites e ardentemente mantida nesses moldes pela maioria das escolas e instituições voltadas para as profissões liberais, [a Universidade de São Paulo] transcendeu a esses limites por seu crescimento natural". Este é o teor da análise daquele sociólogo sobre a trajetória seguida pela principal instituição brasileira de ensino superior, no decorrer de seus 50 anos de existência.[7]

---

[6] Ibidem, p. 83-4.

[7] Intercalação nossa, FERNANDES, Florestan. *A questão da USP*. São Paulo: Brasiliense, 1984, p. 7-8.

Por isso, prossegue, a universidade passou por alterações, porque "massificou-se e procura um caminho que a faça saltar as muralhas que a aprisionam a concepções obsoletas e a um modelo institucional inaplicável, que por sua vez, nada tem a ver com as necessidades culturais que ela já satisfaz, e com outras que terão, aos poucos, de ser atendidas de modo rotineiro".[8]

Desse modo, vendo uma universidade que já na década de 1960 apresentava-se em modificação, afastando-se em parte dos velhos modelos elitistas, Fernandes enfatizou como foi, em 1964, o movimento de reação conservadora, do qual tiveram papel destacado professores e funcionários das faculdades tradicionais voltadas para a formação profissional e que se colocaram a serviço da reação, que já se anunciou nos primeiros dias do Golpe. "Houve uma mobilização prévia, e os que se distinguiram na fase acesa da rebelião pela conquista do poder governamental foram contemplados com vários cargos públicos, de ministros para baixo", esclarece o sociólogo.[9]

Mas essa premiação de tais elementos não haveria de ser dada apenas em função do apoio à derrubada do governo legítimo. Os novos governantes queriam mais por parte de seus servidores: era preciso promover o expurgo, que não se fez esperar, e foram empreendidas investigações destinadas a punir e manter sob vigilância os professores "subversivos", ao mesmo tempo em que por parte do governo federal se procediam às cassações de mandatos parlamentares e exclusões de funcionários civis e militares, esses últimos quase sempre passados para a reserva.[10]

Critério semelhante ao adotado no Exército: punir para vingar e abrir carreira aos aventureiros fardados

No caso dos militares punidos, um dado que não pode deixar de ser considerado é o que nos mostra o general Nelson Werneck Sodré: o expurgo devia-se, em grande parte, às necessidades de abrir caminho para a promoção do oficialato golpista, que, desse modo, seria premiado pelo ato de derrubar o presidente legítimo do país. Nesse sentido, esse autor foi extremamente claro quanto aos

---

[8] FERNANDES, Florestan. *A questão da USP*. São Paulo: Brasiliense, 1984, p. 8.

[9] Ibidem, p. 49.

[10] Os militares transferidos para a reserva em 1964, por motivo de perseguição pessoal, passavam a constar dos registros contábeis das Forças Armadas como se estivessem mortos, de modo que suas famílias viam-se reduzidas a receber pensões bem mais reduzidas que seus ganhos integrais quando na ativa ou reformados. Por isso, um dos punidos narrou à cientista política Maria Helena Moreira Alves que lhe restava apenas um direito, o de pagar o imposto de renda (Cf. MOREIRA ALVES, 1984, p. 65-6).

critérios de punição seguidos: "A revolução expurgava até os aderentes, os que haviam, ativa ou passivamente, concorrido para o seu triunfo", porque "não se tratava de purificar as Forças Armadas; tratava-se de abrir vagas, numerosas vagas, para permitir as promoções vertiginosas dos revolucionários; juntava-se o útil ao agradável".[11]

E fez uma consideração comparativa com os critérios até então considerados padrões, no Exército e nas demais Forças Armadas: "Aquilo em que o general Teixeira Lott não acreditava – o caráter político do recrutamento dos chefes – a ditadura acatava religiosamente."[12] Por esse motivo, "em pouco mais de dois anos, na realidade, renovou totalmente o quadro de chefes militares: só ficaram os de absoluta confiança; mais de setenta generais novos apareceram, gente sem condições normais para atingir esse posto, agora alçada de golpe"[13] (Idem, ibidem, p. 590).

Era, também, o momento dos ajustes de contas entre os oficiais que haviam feito parte do grupo direitista Cruzada Democrática, na década de 1950, com seus adversários nacionalistas pela disputa da presidência do Clube Militar, num momento em que nessa entidade discutiu-se, de modo extremamente polarizado, a questão do monopólio estatal do petróleo. Derrotados nas eleições para essa importante entidade congregadora da opinião fardada, os oficiais inimigos da exploração do petróleo pelos próprios brasileiros iriam agora vingar-se, o que realmente aconteceu, como afirma aquele historiador.[14]

Na Universidade de São Paulo, assim como nas demais instituições oficiais de ensino superior e nos institutos de pesquisa científica, o processo de caça às bruxas foi muito semelhante ao que se verificou no Exército. Era o momento do ajuste de contas entre os inimigos da política universitária, que tantas vezes refletia as lutas da política institucional partidária, em especial em seus aspectos mais mesquinhos, cheios de vingança pessoal. Daí a consideração de

---

[11] SODRÉ, Nelson Werneck. *Memórias de um soldado*. Rio de Janeiro: Civilização Brasileira, 1967, v. 273, p. 590 (Retratos do Brasil).

[12] Os critérios vigentes até 1964 para promoção ao generalato nem sempre consideravam as posições políticas dos oficiais, desde que mantidas discretamente. Com isso, puderam chegar ao generalato homens de tendência esquerdista, como Newton Estillac Leal, Nelson Werneck Sodré ou Manuel Cavalcanti Proença. Entretanto, considerando que nem todos os coronéis preenchiam as características indispensáveis para os postos supremos, muitos atingiam tal graduação apenas com a reforma, quando ficavam totalmente fora do serviço ativo.
Com o Golpe de 1964 começou a acentuar-se o sistema de preterir os oficiais que não fossem absolutamente leais ao sistema, politizando, portanto, de maneira bastante acentuada, o ponto máximo da hierarquia.

[13] SODRÉ, Nelson Werneck. *Memórias de um soldado*. Rio de Janeiro: Civilização Brasileira, 1967, v. 273, p. 590 (Retratos do Brasil).

[14] Idem.

Florestan Fernandes sobre essas perseguições, entendendo tal acontecimento como decorrência de uma agudização do conflito político:

"A primeira lista de expurgo de professores e o primeiro projeto de como sufocar a sedição imperante na USP foram traçados nessa fase, numa colaboração íntima de professores com oficiais do serviço de segurança e com policiais do Dops", uma vez que entende o fato de que "nenhuma instituição pode ser pura em uma sociedade capitalista".[15]

Como exemplo desse acordo entre os professores de tendência conservadora e caráter carreirista, funcionários desejosos de ascender profissionalmente na burocracia universitária, militares dos serviços de espionagem e de informações e os esbirros da polícia política, cita um dos casos mais alarmantes: "basta lembrar o exemplo da Congregação da Faculdade de Medicina, que exigiu do governador Adhemar de Barros a punição e exclusão de seus professores arrolados naquela lista", porque se tratava da ação de "uma inteligência contrarevolucionária ativa na USP".[16]

Posteriormente, em 1979, o papel dessa comissão de delações seria estudado mais claramente num inquérito promovido pela Adusp – Associação de Docentes da Universidade de São Paulo, entidade criada nos anos que se seguiram à abertura democrática iniciada nos finais do governo Geisel e no início do governo Figueiredo. O objetivo dessa investigação esteve associado à resistência aos desmandos, que contra as Universidades estaduais paulistas estavam sendo colocados em prática pelo então governador do Estado Paulo Salim Maluf, e um de seus resultados foi a publicação do relatório conhecido como *O Livro Negro da USP*.[17]

Dessa comissão policialesca de investigações internas e delações, nos primeiros dias do Golpe de 1964, nomeada pelo reitor Gama e Silva, fizeram parte os professores Teodureto Faria de Arruda Souto, da Escola Politécnica e diretor da Escola de Engenharia de São Carlos; Moacyr Amaral dos Santos, da Faculdade de Direito e Jerônimo Geraldo de Campos Freyre, da Faculdade de Medicina. O primeiro dos elementos denunciantes citados acima integrava, há muito, os quadros da Escola de Engenharia de São Carlos, da qual era o diretor, desde a sua fundação, na década de 1950, cargo que ocupou por vários anos seguidos. Essa comissão agia secretamente, mas suas atividades acabaram por vir à tona e foram denunciadas publicamente pela imprensa da época.

---

[15] FERNANDES, Florestan. *A questão da USP*. São Paulo: Brasiliense, 1984, p. 50-1.

[16] Ibidem, p. 50.

[17] Adusp – *Adusp – Associação de Docentes da Universidade de São Paulo. O Livro Negro da USP. O controle ideológico na Universidade*, organizado por Modesto CARVALHOSA, et. al. 2. ed. São Paulo: Brasiliense, 1979.

Às tarefas de delação desses professores em breve juntar-se-ia outro docente da Escola Politécnica, o professor Tarcísio Damy de Souza Santos, na ocasião em que ocupou o cargo de diretor daquela unidade.

O arbítrio em ação: o professor detido graças a uma aposta de garrafa de cerveja

Junto com as perseguições pessoais desse gênero, podemos juntar outras, como os atos de pura e simples prepotência, de desmandos pessoais. Um claro exemplo foi a prisão arbitrária realizada em Rio Claro, já nos primeiros dias do Golpe, contra o professor Warwick Kerr, membro do corpo docente da Faculdade de Filosofia, Ciências e Letras daquela cidade, hoje pertencente à Unesp e então, constituindo uma instituição isolada.

O professor Warwick Kerr, apesar de ser um cientista dos mais destacados, engenheiro agrônomo, geneticista e entomologista, que somente se ocupava de seus estudos e que não apresentava qualquer espécie de vínculos com as correntes de esquerda, além de ser um homem sabidamente religioso – era um membro participante e dos mais sinceros da Igreja Presbiteriana em sua cidade –, foi detido arbitrariamente, de noite, sem qualquer culpa formada, e permaneceu por onze horas no xadrez, sendo depois libertado sem ter que prestar quaisquer declarações e sem saber por que havia sido trancafiado numa enxovia, como se fosse um criminoso de direito comum.[18]

Apesar de não pertencer à Universidade de São Paulo e sim a um instituto oficial de ensino superior isolado, dos muitos que havia então, até serem reunidos na Unesp, nos meados da década de 1970, o caso citado, quanto ao professor Kerr, serve muito bem para ilustrar a que ponto chegaram naquela época os desmandos policialescos, momento em que as prisões podiam ser feitas arbitrariamente, ao bel prazer das autoridades. No caso de cidades interioranas, como era o de Rio Claro, o fato de ficar a repressão totalmente entregue aos delegados de polícia locais resultou, em muitos casos, em atos semelhantes ao ocorrido com o professor Kerr, prisões arbitrárias simplesmente para satisfazer os pruridos autoritários de autoridades policiais ou para "mostrar serviço", como se dizia.

Apurou-se, mais tarde, que a detenção abusiva do professor Warwick Kerr era apenas o resultado de uma bravata, realizada num bar daquela cida-

---

[18] O professor Warwick Kerr, naquela ocasião, havia ocupado, com especial destaque, o cargo de diretor da Fapesp.

de, quando o elemento que então ocupava o posto de delegado de polícia, o bacharel Nestor Penteado Sampaio, apostou com um companheiro de libações alcoólicas como era poderoso o suficiente para prender qualquer docente da Faculdade de Filosofia, Ciências e Letras de Rio Claro. O escolhido para essa demonstração foi o professor Warwick Kerr e o valor da aposta, devidamente ganha pelo bacharel Nestor Penteado Sampaio, desse modo torpe, foi uma garrafa de cerveja.[19]

A prisão do crítico de arte Schenberg e o saque de sua coleção de obras de pintura

Do mesmo modo sofreu os efeitos dos abusos um dos catedráticos de Física, professor Mário Schenberg, cientista de fama internacional e respeitado crítico de arte, acusado por suas ideias marxistas, que jamais escondeu. Foi preso em 1964 em sua casa, alta madrugada, e levado para o Dops, sem que lhe permitissem sequer tirar o pijama e vestir-se corretamente. Enquanto isso, sua casa foi saqueada e depredada, perdendo o professor muitos de seus livros e obras de arte, entre eles quadros dos mais valiosos. Além disso, foi brutalmente impedido de comunicar-se com a Reitoria da Universidade, como de direito, à qual desejava recorrer, a fim de solicitar, em sua defesa, a assistência de um advogado.

O curso de Física da Universidade de São Paulo, antes da reforma universitária de 1968, fazia parte da Faculdade de Filosofia. O professor Schenberg, marxista declarado, que jamais se preocupou em esconder suas ideias, ao dar aulas não se atinha a questões filosóficas e políticas, preocupando-se especialmente com a Física teórica.

A prisão de Schenberg durou dois meses, durante os quais ele permaneceu em xadrez comum, ao contrário do que seria o correto, se fosse o caso de ser preso, estar sob custódia em sala especial, por tratar-se de um professor universitário. Mas essa situação não iria permanecer apenas nisso, na humilhação de um professor que havia dado tudo de si para o desenvolvimento da Física no Brasil e, mais que isso, ainda muito fizera no campo da crítica das artes plásticas.

---

[19] DUARTE, Paulo. *O processo dos rinocerontes (Razões de defesa e outras razões...).* São Paulo: s/ed., 1967, p. 159. Adusp – *Adusp – Associação de Docentes da Universidade de São Paulo. O Livro Negro da USP. O controle ideológico na Universidade,* organizado por Modesto CARVALHOSA, et. al. 2. ed. São Paulo: Brasiliense, 1979. p. 13-14.

Poucos anos depois desse fato, o professor Mário Schenberg iria conhecer punição ainda mais dura, a exclusão definitiva da carreira universitária, e isso, quando já se aproximava a data de sua aposentadoria, após o transcurso de vários anos de total dedicação à ciência e ao humanismo.

O resultado das delações: a grande caça às bruxas de 1964, 52 pessoas acusadas de subversão

A 9 de outubro de 1964 o jornal carioca *Correio da Manhã* publicou o relatório final da comissão de investigações das atividades ditas *subversivas*, que teriam sido praticadas por professores, alunos e funcionários das unidades da Universidade de São Paulo. Eram, ao todo, 52 acusados, dentre os quais 44 ocupavam o cargo de professor e as restantes 8 pessoas arroladas eram alunos ou funcionários. Cumpre notar que nenhuma das acusações feitas eram mais que frívolas alegações.[20]

A lógica dessas delações atinha-se, especificamente, à busca de ideias ditas subversivas, objetivo que jamais poderia deixar de apresentar um critério dos mais subjetivos e aleatórios, de acordo com o relatório que em 1979 foi publicado pela Adusp, além de ser violação do direito constitucional da liberdade de pensamento, garantido pelo texto expresso da Constituição vigente. "Trata-se de afastar e punir portadores de ideias consideradas marxistas ou subversivas, duas qualificações notoriamente elásticas e imprecisas, o que torna o julgamento obrigatoriamente subjetivo", diz o documento. Assim é, uma vez que "o próprio de todo expurgo é o vício fundante de envolver necessariamente no processo as referências pessoais, os ódios e antipatias, a parcialidade dos acusadores" e uma vez que dependia totalmente "da denúncia anônima e da calúnia, mobiliza a mesquinhez, o espírito vingativo, e abre espaço para todo tipo de oportunismo".[21]

Além disso, "por sua própria natureza, o processo de expurgo constitui instrumento político que favorece a ascensão às posições de mando, de um lado, dos espíritos mais tacanhos e intolerantes, de outro, dos oportunistas, com

---

[20] Dos 52 denunciados pela comissão de delações integrada por Teodureto Souto, Moacyr Amaral Santos e Geraldo de Campos Freyre, nenhum foi condenado nos primeiros meses que se seguiram ao Golpe, mas houve graves sequelas, como a não contratação de Fuad Daher Saad pelo Instituto de Física, e isso, mais de dez anos depois da delação.

[21] Adusp – *Adusp – Associação de Docentes da Universidade de São Paulo. O Livro Negro da USP. O controle ideológico na Universidade*, organizado por Modesto CARVALHOSA, et. al. 2. ed. São Paulo: Brasiliense, 1979, p. 17.

o que não se quer dizer, obviamente, que as duas coisas sejam mutuamente exclusivas".[22]

O motivo do expurgo e das delações na Universidade, apontado pela Adusp, é o mesmo, portanto, que o citado por Werneck Sodré, no âmbito militar: a vingança de velhas desavenças e a abertura de caminhos para medíocres ou nulidades que raramente poderiam fazer carreira se fossem seguir apenas os processos regulamentares e institucionalizados.

Esse relatório não estava teorizando abstratamente sobre a imoralidade dos expurgos. Falava com base nos fatos, quinze anos depois de ocorridas as perseguições, com a observação dos acontecimentos, como as carreiras de Gama e Silva e de Buzaid, ministros da ditadura, e as Reitorias colaboracionistas ou mantidas sob pressão. Era, portanto, uma visão retrospectiva, histórica.

Florestan Fernandes, preso por escrever ao oficial instrutor do IPM da Universidade

Entre os acusados de subversão, nos primeiros dias do Golpe figuravam, nos quadros da Faculdade de Filosofia, Ciências e Letras, os professores Mário Schenberg, Fernando Henrique Cardoso, Nuno Fidelino de Figueiredo, João Cruz Costa, Florestan Fernandes e o estudante Fuad Daher Saad.

Cruz Costa, o primeiro especialista brasileiro em História da Filosofia, havia merecido o ódio dos setores intelectuais mais reacionários por sua defesa de um pensamento laicizado, nos tempos em que a Universidade de São Paulo ainda estava em formação, e nesse momento de ajuste de contas enfrentou a hostilidade dos pensadores mais aferrados às escolas conservadoras e confessionais. Cumpre notar que esse docente já era bastante idoso e estava próximo de aposentar-se.

Florestan Fernandes, Fernando Henrique Cardoso e Nuno Fidelino de Figueiredo foram indiciados, especialmente, devido ao fato de participarem de uma instituição denominada CESIT-Centro de Estudos de Sociologia Industrial e do Trabalho, entidade voltada para uma análise renovadora das relações trabalhistas. Nuno Fidelino de Figueiredo, economista de formação, apesar de ser membro do CESIT não podia ser qualificado como homem de esquerda, mas nem por isso foi poupado.

---

[22] Idem.

O professor Florestan Fernandes, que foi indiciado em inquérito policial militar juntamente com Fernando Henrique Cardoso, Mário Schenberg e Cruz Costa, acabou sendo detido por haver enviado uma carta de protesto, respeitosa, porém enérgica, ao oficial responsável pelo IPM da Faculdade de Filosofia, Ciências e Letras da Universidade de São Paulo, o tenente-coronel Bernardo Schönmann.

Essa carta do docente acusado nada tinha de ilegal ou desrespeitosa, era apenas um ato que constituía um direito seu, como legítima defesa. Nesse texto enfatizou que o trabalho dos docentes acusados nada tinha de subversivo, por não constituir pregação política de cunho partidário. Destacou, ainda, a abnegação dos elementos que se dedicavam totalmente à carreira universitária, sabidamente cercada dos mais variados obstáculos e bem pouco remuneradora.

"Em nosso país, o ensino só fornece ônus e pesados cargos, oferecendo escassos atrativos mesmo para os honestos, quanto mais para os que manipulam a corrupção como um estilo de vida", razão pela qual "não constituíam um bando de malfeitores", porque "os que exploram meios ilícitos de enriquecimento e de aumento do poder afastam-se, cuidadosa e sabidamente, da área do ensino, especialmente o ensino superior", afirmou ele nessa carta. Além disso, ele argumentou, com pleno conhecimento de causa, que "quem pretendesse devotar-se à agitação político-partidária seria desavisado se cingisse às limitações insanáveis que as relações pedagógicas impõem ao intercâmbio das gerações".[23]

Destacava, assim, a necessidade de que se tivesse em mente a diferença que há entre fazer Sociologia ou reflexão filosófica e promover atividades subversivas, ou ainda política partidária, ao lado da defesa do bom nome dos acusados, que nunca haviam cometido delitos e que não poderiam, por isso, estar submetidos a Inquéritos Policiais-Militares, que até o Golpe de 1964 visavam, quase sempre, aos casos de corrupção.

Quanto a esse fato, não deve ser esquecido, muito mais digno de investigação seria o governador do Estado, que era então o discutido político Adhemar de Barros, sobre cujas passagens pela administração pública sempre pairaram muitas acusações, junto de dúvidas sobre sua lisura, a ponto de tornar-se conhecida a muito famosa "caixinha do Adhemar", ao lado do lema que era atribuído aos seus métodos administrativos, "rouba, mas faz", e à sua acusação criminal pública, na década de 1950, de ser administrador improbo, razão pela qual ele teve que fugir, apressadamente, para o Paraguai de Stroessner e de lá, devido ao pedido de extradição, para a Bolívia de Paz Estenssoro, até ser absol-

---

[23] Ibidem, p. 25-26.

vido, finalmente, por um julgamento no Supremo Tribunal Federal, que foi dos mais controvertidos realizados por aquela corte.[24]

Nas Arcadas, a estranha acusação de um elemento que não pertencia a seu quadro docente

Na Faculdade de Direito, os apontados foram o professor Caio Prado Jr. e os estudantes Oscarlino Marçal, Flávio Flores da Cunha Bierrembach, Paulo Afonso Sampaio Amaral, Sérgio Rezende de Barros, João Miguel e Paulo Antônio da Silveira, sendo que esse último também era jornalista profissional.

Quanto a Caio Prado Jr., é digno de nota a peculiar e curiosa circunstância de que esse ilustre historiador não integrava o corpo docente da Faculdade de Direito – pela qual era diplomado –, mas tão somente havia sido aprovado por essa instituição, em sua tese de livre-docência. Caio Prado Jr. havia submetido a uma banca daquela casa uma tese acadêmica e nada mais, o que era um direito seu, tal como o era com qualquer outro intelectual que se candidatasse a tal exame, sem qualquer privilégio ou favorecimento. Mesmo assim, os setores mais reacionários que compunham a quase totalidade do corpo docente daquela faculdade não quiseram correr riscos: era preciso impedir que o veterano historiador marxista pudesse ter qualquer meio de ingressar no magistério superior.

Era o temor de que ele desejasse ingressar no quadro docente daquela faculdade, que até então primava pelo exclusivismo conservantista, e assim se tornasse um elemento de renovação ou de oposição aos padrões vigentes.[25]

Quanto ao ódio dos mais ferrenhos movido por tais docentes a Caio Prado Jr., o motivo é o fato de ter sido ele um dos primeiros intelectuais marxistas a fazer uma análise histórica em alto nível, no Brasil, segundo tal metodologia, transcendendo os velhos critérios stalinistas e fugindo totalmente ao tom panfletário e apologético que marcava as produções do marxismo nacional, na década de 1930. Com a sua obra *Evolução política do Brasil*, de 1933, Caio Prado Jr. inaugurou o método marxista apurado na historiografia brasileira, razão pela

---

[24] Adhemar de Barros tornou-se popular, em grande parte, graças ao slogan que o consagrou, "rouba mas faz", e grande parte dos recursos advindos das comissões, irregularmente recebidas por seu grupo, por ocasião da realização de contratos públicos, devia ser empregada para financiar a caixa do PSP, sempre altamente onerosa, por ocasião das campanhas. Entretanto, parte desses recursos era destinada a contentar os aliados mais importantes e assim garantir sua fidelidade.

[25] Sérgio Buarque há muito que pretendia levar Caio Prado Jr. para a cadeira de História da Faculdade de Filosofia, Ciências e Letras da Universidade de São Paulo, objetivo que foi impedido pela decretação da medida de força baixada em dezembro de 1968, o Ato Institucional n. 5.

qual, se por um lado inspirou tantos trabalhos sérios posteriores, juntamente com Sérgio Buarque de Holanda – este, pela vertente weberiana –, ganhou, em contrapartida, a inimizade dos juristas do Largo de São Francisco, extremamente permeados pela mentalidade conservadora.

Havia ainda contra a sua pessoa, nos meios conservadores, o fato de Caio Prado Jr. ser originário de uma família da elite cafeeira paulista e, por meio de sua adesão ao marxismo, haver "traído" a sua classe social de origem.

O ponto mais curioso sobre esse descontentamento com Caio Prado Jr. é que os marxistas de estrita observância, como os ligados ao Partido Comunista Brasileiro e ao Partido Comunista do Brasil, não o viam, também, com grandes simpatias, e o pomo da discórdia intelectual foi o tema da inexistência do feudalismo no Brasil, que Prado sempre negou, e que a argumentação pecebista enfatizava, para estar de acordo com as vulgatas do stalinismo, que assim afirmavam.

E essa animosidade dos partidos comunistas contra Caio Prado Jr. ocorria apesar desse historiador ter sido eleito parlamentar, pela legenda do PCB, logo depois da redemocratização de 1945. Teve o mandato cassado em 1947, quando seu partido foi posto na ilegalidade, e desde então se dedicou principalmente às suas tarefas intelectuais, à sua atividade de editor, como proprietário da Editora Brasiliense, e ao trabalho como principal responsável pela *Revista Brasiliense*.

A arquitetura subversiva de Villanova Artigas e de Abelardo de Souza: a culpa foi buscar a estética

A lista de delações da Faculdade de Arquitetura e Urbanismo apresentava três nomes: os dos professores João Batista Villanova Artigas e Abelardo Riedy de Souza e mais o do estudante Sylvio Barros Sawaya.

Quanto ao professor Artigas, deve ser destacado o fato de que sua competência profissional era reconhecida internacionalmente, sendo que o prédio em que passou a funcionar a própria Faculdade de Arquitetura foi construído segundo projeto seu. Mas apesar de seus méritos, não escapou dos rancores dos catedráticos de tendência tecnicista da Escola Politécnica.

Assim foi, uma vez que esse docente esteve entre os grandes defensores da fundação da Faculdade de Arquitetura e Urbanismo, separada daquela velha instituição-máter, a Escola Politécnica, propugnando por uma concepção artística e social do trabalho do arquiteto, e com isso, contrastando dum modo incontestável com a visão meramente tecnicista que até então havia orientado os rumos daquele ensino, de acordo com os velhos critérios politécnicos que vinham desde os tempos da fundação da instituição, nos finais do século XIX.

Na própria Escola Politécnica houve acusados, entre os quais estavam dois docentes, o professor Paulo Guimarães da Fonseca e o instrutor Marco Antônio Mastrobuono e o estudante José Serra. Assim, mesmo sendo aquela unidade uma das mais conservadoras de toda a Universidade de São Paulo, ainda havia quem pudesse ser punido em seus quadros, apesar de todo o zelo punitivo e inquisitorial dos dois professores daquela casa que tanto se empenharam, já nos inícios da ditadura, em delatar os inimigos do novo regime, Teodureto de Arruda Souto e Tarcísio Damy de Souza Santos.

A Faculdade de Medicina, o foco da repressão em 1964: vingança contra o reitor renovador Ulhoa Cintra

Uma das listas mais bem nutridas foi a da Faculdade de Medicina, apresentando nomes pertencentes às mais variadas categorias de elementos daquela unidade, fossem docentes, discentes e funcionários de várias atividades. Dela constavam os professores Samuel Barnsley Pessoa, Luiz Hildebrando Pereira da Silva, Isaías Raw, Júlio Puddles, Pedro Henrique Saldanha, Michel Pinkus Rabinovitch, Abram Bencjan Fajer, Antônio Frederico Branco Lefévre, Roland Veras Saldanha, Reynaldo Chiaverini, José Barros Magaldi, Israel Nussenzveig; os instrutores Erney Felício Plessman de Camargo, Thomas Maack, José Maria Tacques Bittencourt, Francisco Humberto de Abreu Maffei, Bernardo Bóris Vargafitg, médicos estagiários; Arnóbio Washington, funcionário; Feiga Langfeldt, enfermeira; Eduardo Manzano, estudante.

A análise do documento da Adusp mostra que alguns desses elementos eram ligados à área de Saúde Pública. Os professores Samuel Barnsley Pessoa, Luiz Hildebrando Pereira da Silva e Erney Felício Plessman de Camargo eram integrantes do setor de Parasitologia. Em tal campo do conhecimento médico, esses especialistas não podiam deixar de fazer críticas aos graves problemas estruturais enfrentados pela sociedade brasileira, no que tocava aos diversos problemas da área, como as endemias, a desnutrição, a falta de saneamento básico, as dificuldades de acesso aos médicos, hospitais e medicamentos, à falta de educação sanitária. Ou seja, às questões da falta de uma política de Estado adequada para as questões de saúde pública.

Outros eram muito voltados para a pesquisa básica, para a formação de um sólido *corpus* de conhecimentos teóricos, e como tais, afastados ou pouco interessados no setor privado da clínica particular. Nesse sentido, podemos entender, plenamente, as críticas que recebiam daqueles cujos critérios de atuação eram voltados para a busca de uma sólida posição no corpo de professores da Faculdade como o melhor caminho para solidificar uma atividade mais rendosa, uma clínica particular movimentada, os mesmos professores que foram nesse sentido censurados por Paulo Duarte.

Idêntica posição, aliás, era a que se verificava na Faculdade de Direito e na Escola Politécnica, em que muito mais importante para os professores que agiam de acordo com essa orientação eram seus bem sucedidos escritórios de advocacia e de engenharia, muito mais rendosos que a pesquisa e o ensino. Por essa razão, conforme afirma o professor Paulo Duarte, vinha a defesa intransigente do regime de cátedra adotado por esses professores, uma vez que os amplos poderes dos catedráticos permitiam-lhes nomear assistentes de sua estrita confiança, que se encarregavam de cobrir os claros que esses professores deixavam em sua tarefa docente, garantindo-lhes assim o tempo livre para as ações muito mais lucrativas de advogar, clinicar e construir, apoiados na ação promotora de seus nomes que a condição de catedrático lhes garantia.

Consideremos, ainda, que os assistentes eram, quase sempre, cúmplices dessa situação, uma vez que esperavam, com essa lealdade ao catedrático, verdadeira ação entre amigos, ser escolhidos para a tranquila sucessão dos seus protetores, quando estes se aposentassem, tal como o denunciou claramente e sem meias palavras o professor Paulo Duarte.[26]

O *affaire* Raw: temor da competência científica com tinturas de antissemitismo

Que os objetivos dessas perseguições na Faculdade de Medicina estivessem mesclando objetivos puramente pessoais aos de cunho político, há o fato de que o professor Isaías Raw era considerado um candidato imbatível, para as provas relativas à cadeira de Bioquímica, por seus méritos pessoais, dos mais incontestáveis, que ele já havia dado muitas demonstrações e que viria a prosseguir, depois de sua aposentadoria forçada, ao preferir deixar o país, quando retomou suas pesquisas no exterior. As razões para acusá-lo, portanto, eram, acima de tudo, a necessidade de eliminar um concorrente dos mais temíveis no campo científico, e não as ideias políticas que o professor Raw pudesse seguir, como cidadão dotado de razão e no pleno uso dos seus direitos.

---

[26] DUARTE, Paulo. *O processo dos rinocerontes (Razões de defesa e outras razões...)*. São Paulo: s/ed., 1967, p. 48-9.

Mas o ridículo não iria ser apenas o de ter que recorrer a expedientes como o citado para perseguir o ilustre especialista em Química Biológica. Em depoimento prestado nos Estados Unidos, para onde se retirou após sua perseguição, aquele cientista mostrou o clima de picuinhas que se fazia presente na Faculdade de Medicina, por ocasião do Golpe de 1964 e nos anos que se seguiram, ao citar depoimentos sobre a sua pessoa:

"Eu sou até anticomunista e não posso entender porque a Fundação Rockefeller não financia meus projetos", é o teor de declaração que Raw atribui a um colega ciumento sobre o fato de que o pesquisador perseguido recebeu financiamentos da entidade americana. Outros elementos manifestaram inveja para com o grande prestígio do professor Raw, o qual entendeu que havia, no seu caso, o favorecimento pelo fato daquele cientista ser judeu. Nesse ponto, Raw foi bastante taxativo em acusar o caráter mesquinho que motivou boa parte da má vontade dos colegas para com ele: "um antigo professor tinha acabado de escrever uma carta, publicada como panfleto, dizendo que a casa de Arnaldo (o doutor Arnaldo Vieira de Carvalho, fundador da Faculdade de Medicina) estava se transformando numa Casa de Abrahão". [27]

Evidentemente, ao lado da inveja, havia também o preconceito, que pareceu a esse docente antissemita a conspurcação da Faculdade de Medicina mais antiga e tradicional de São Paulo, fundada na década de 1910, dar o cargo efetivo a um judeu.

"Essa carta foi publicada, apesar do fato de que a discriminação é oficialmente proibida no Brasil", prossegue Raw, tocando nesse ponto essencial, a expressa proibição legal da discriminação racial ou étnica, comentando, ainda, que "eles não conseguiam entender porque eu estava recebendo doações e bolsas. Fazia viagens de estudo e conseguia publicar no Exterior", prossegue ele, retratando os reais motivos de ciúmes de seus inimigos.[28]

Não parecia lógico aos inimigos de Raw que o fato de ele receber todos esses convites, bolsas e espaço nos órgãos do Exterior fossem o resultado de seu bom nome de cientista, como se o critério dos dirigentes científicos estrangeiros fosse igual ao das mesquinharias e futricas de corredores da Faculdade de Medicina.

Ao terminar seu texto, Raw não deixou de colocar o dedo na ferida, o uso da delação, como o mais típico dos instrumentos de vingança: "mas eles tinham uma solução para tudo isso... tinham a sua revolução".[29]

---

[27] Intercalação nossa. RAW, 1970, p. 138-42, apud Adusp, 1979, p. 23.

[28] RAW, 1970, p. 138-42, apud Adusp, 1979, p. 23.

[29] Idem.

A observação do professor Raw, como ação do antissemitismo, tem muita pertinência: muitos dos acusados em outras entidades universitárias eram de origem israelita, como ele. Assim, os delatores usavam contra os inimigos internos da "Revolução" uma arma que já havia sido utilizada nos países em que o antissemitismo era a tônica dominante, como os Impérios Alemão e Austro-Húngaro, e que prosseguiu sendo largamente empregado após a Primeira Guerra Mundial na Alemanha de Hitler, na Áustria após o *Anschluss*, – a anexação à Alemanha hitlerista –, na Polônia do general Pilsudski e na Tchecoslováquia após a traição de Munich.

Raw estava entre os professores universitários que em 1964 conheceram as masmorras do Dops, logo depois do Golpe de 1964, por acusação dos seus colegas transformados em esbirros da polícia política paulista, comandada pelo governador Adhemar de Barros, um dos principais líderes golpistas. Quando voltava às onze horas da noite de uma visita à sua sogra, que estava agonizante, em companhia da esposa e da filha, o professor Raw foi cercado por vinte e cinco policiais daquela delegacia da repressão política e levado no compartimento fechado de um jipe até um quartel, e trancafiado, por quatro dias, numa cela forte, até ser levado para outro cárcere, a fim de responder ao interrogatório. As acusações contra o professor Raw estavam contidas numa carta anônima, o recurso mais peculiar àquele momento conturbado.

Naquela ocasião, os dias imediatamente seguintes ao Golpe de 1964, Isaías Raw estava em vias de embarcar para Nova York, onde participaria de um congresso científico de sua especialidade. Somente doze dias depois ele foi libertado, sob a pressão da comunidade científica e das denúncias da imprensa, mas semanas mais tarde, o cientista foi indiciado perante o Tribunal Militar, sob a ridícula acusação de ter sido ele "um importante líder comunista na juventude", e que ainda, no momento, era "um importante líder secreto, que viajava a Washington para conspirar contra o governo".[30]

O absurdo dessas acusações está no fato de o professor Raw, que na ocasião já era um homem maduro, ter sido arrolado como líder comunista quando jovem e acusado de ir conspirar contra a ditadura militar na capital dos Estados Unidos. À época, era pública e notória a adesão do governo daquele país ao Golpe Militar, que, posteriormente, ficou claramente comprovado ter sido bastante ajudado pelo Departamento de Estado norte-americano, além de que, absolutamente, não constituía segredo a participação do embaixador Lincoln Gordon nos atos que precederam à derrubada de Jango.

---

[30] Ibidem, p. 24.

O prosseguimento do terror na Faculdade de Medicina: delações anônimas e inquérito policial militar

Logo após as delações da comissão interna, ocorreu o inquérito policial militar da Faculdade de Medicina, em que uma das principais peças acusadoras era uma carta anônima, apontando um elevado número de docentes. Desses, foram indiciadas onze pessoas, muitas das quais constantes da lista anterior, feita pela já citada comissão de delações integrada por professores catedráticos.

Entre os acusados estavam Luís Hildebrando Pereira da Silva e Thomas Maack, detidos no navio-prisão Raul Soares em condições desumanas, local em que responderam a seus acusadores. Eram Erney Felício Plessman de Camargo, Luiz Rey, Júlio Puddles, Michel Pinkus Rabinovitch, Pedro Henrique Saldanha, José Maria Tacques Bittencourt, Nelson Rodrigues dos Santos, Reynaldo Chiaverini e Israel Nussenzveig, que mais tarde foram levados a julgamento pela Justiça Militar e plenamente absolvidos.

O navio-prisão Raul Soares serviu para encarcerar um bom número de detidos pelos golpistas. Permaneceu ancorado ao largo de Santos, sendo que alguns dos presos ficaram alojados em compartimentos de seus porões que se encontravam inundados; outros ficaram em compartimento superaquecido, por estar situado perto da casa de máquinas do navio.

Os professores Isaías Raw, Antônio Dácio Franco do Amaral, Leônidas de Mello Deane, Maria José Deane e Vitor Nussenzveig, também arrolados, não chegaram, sequer, a ser levados a julgamento, pois o promotor da Justiça Militar recusou todas as acusações contra eles levantadas pelos seus caluniadores.

O desenrolar do IPM: o governador Adhemar de Barros abusivamente demite professores

As arbitrariedades não ficaram apenas nesse ponto, porque logo uma nova violência desabou contra alguns dos acusados. No dia 10 de outubro de 1964, um despacho do governador Adhemar de Barros, publicado no *Diário Oficial do Estado*, demitiu seis professores e um médico da Faculdade de Medicina, com base nas prerrogativas que lhe eram confiadas pelo primeiro Ato Institucional baixado pelo governo golpista. Essas demissões foram feitas "à vista do inquérito policial-militar, que lhes moveu a Comissão Geral de Investigação".[31]

---

[31] Adusp, 1979, p. 27.

Esse primeiro ato discricionário ficou conhecido, simplesmente, como Ato Institucional, sem qualquer número que o distinguisse, uma vez que, de acordo com a interpretação de bom número de analistas, decorria do fato de o governo estar nas mãos do marechal Castelo Branco, que – dizia-se – seria um homem de tendência liberal, desejoso por limitar ao máximo o tempo de permanência dos militares no poder. Por isso não foi numerado, como indicando que não teriam continuação as leis de exceção. Mas os autores do texto desse ato eram dois veteranos juristas autoritários, um deles Carlos Medeiros Silva e outro, Francisco Campos, que dispensa apresentação.

Os atingidos eram Luís Hildebrando Pereira da Silva, Erney Felício Plessman de Camargo, Pedro Henrique Saldanha, Júlio Puddles, Reynaldo Chiaverini, Thomas Maack e o médico Luiz Rey.

O sintoma mais evidente da ilegalidade está no fato de que essas demissões ocorreram antes do indiciamento dos acusados, pouco antes da extinção da Comissão Geral de Investigação, o que mostra a afoiteza ademarista de punir, para aproveitar a oportunidade. Constituiu a medida, assim, uma iniciativa totalmente antijurídica, uma vez que foram atos praticados antes de qualquer reconhecimento de culpa e de pronunciamento de sentença. Todos esses demitidos foram, pouco depois, absolvidos pela Justiça Militar, mas apenas um deles conseguiu ser readmitido na Faculdade de Medicina, Pedro Henrique Saldanha. Quanto ao professor Isaías Raw, também acusado nesse inquérito, teve meios de anular o ato abusivo, não indo a julgamento.

Quanto à grande má vontade de Adhemar de Barros para com a Universidade de São Paulo, há o inequívoco depoimento de Paulo Duarte: segundo palavras desse professor, o governador teria dito que a Universidade custava mais caro aos cofres estaduais que a manutenção de toda a Força Pública (a atual Polícia Militar do Estado de São Paulo).[32]

Além disso, Adhemar nunca deixou de querer interferir indevidamente nos assuntos internos da Universidade, violando a sua autonomia estatutária. Sempre que pôde, o governador procurou influir nas contratações e nomeações e até nos concursos de cátedra, de modo a constituir, no interior daquela instituição, um grupo que pudesse dar-lhe apoio político, para lubrificar e aparelhar a sua bem conhecida máquina eleitoral, configurada pelo partido que controlava estreitamente desde que procedeu à sua fundação, o PSP, Partido Social Progressista. Toda a sua política foi sempre a de procurar usar dos meios de que dispunha, como governador ou como prefeito, a fim de manter essa máquina partidária sempre bem azeitada, de modo a poder dela se servir para consolidar o seu domínio sobre o estado de São Paulo e poder alçar-se a um patamar mais elevado, a Presidência da República, por ele duas vezes tentada, sem resultados.

---

[32] DUARTE, 1967, p. 10.

O papel das querelas mesquinhas no meio universitário para afastar os desafetos

Outra razão para as perseguições foram as cisões internas na Faculdade de Medicina, como os casos dos professores Rabinovitch e Maack, da cadeira de Histologia, e Abram Fajer, assistente de Fisiologia. O chefe do setor de Genética Humana, professor Pedro Henrique Saldanha, sofreu acusações por desentendimentos com outros colegas. Igualmente, as perseguições no setor clínico acabaram por contemplar os integrantes que não eram bem vistos pelos superiores e demais detentores do poder universitário: os casos de Roland Veras Saldanha, Reynaldo Chiaverini, José Barros Magaldi, Israel Nussenzveig, Antônio Branco Lefévre e José Maria Taques Bittencourt, que tiveram suas carreiras ameaçadas em pleno auge, e os estagiários Humberto Maffei e Bernardo Bóris Vargafitg, que as tiveram interrompidas logo que as iniciaram, pelos atos de força citados.

Na Faculdade de Medicina de Ribeirão Preto, desabaram as acusações sobre dois instrutores, Luiz Carlos Raya e Clarismundo Souza Filho.

Na Faculdade de Economia e Administração, estavam entre os perseguidos três professores, Paul Israel Singer, Mário Wagner Vieira da Cunha e Lenina Pomerantz.

Dois estudantes integram a lista como representantes dos elementos subversivos da Faculdade de Farmácia e Odontologia de Bauru, Edison Shinohara e Maria Fidela de Lima.

Um professor e dois alunos figuravam entre os três citados pelo relatório delator como subversivos da Escola de Engenharia de São Carlos, o instrutor Guilherme Fontes Leal Ferreira e os estudantes Ivan Rotta e Adriano Trondi.

Dessa escola, recorde-se, o diretor era, exatamente, um dos membros da comissão de delações, o professor Teodureto Faria de Arruda Souto.

Finalmente, na Escola Superior de Agricultura Luís de Queiroz, a lista apontou apenas dois subversivos, os estudantes Antônio Marconini e Rodolfo Hoffman.

Essa lista, apesar de elaborada em segredo, acabou chegando à imprensa, e uma cópia fac-símile foi estampada nas páginas do diário carioca *Correio da Manhã*, em sua edição de 4 de outubro de 1964, com as assinaturas dos três professores delatores.

O documento da Adusp entende que nem todos os citados nessa acusação leviana podem ser arrolados como seguidores de ideias esquerdistas. "Inclui, por outro lado, muitos outros que nunca o foram" e que a lista das delações, de fato, na verdade serviu de meio para conseguir eliminar inimigos internos dos elementos que se encontravam melhor situados com relação ao poder. Os delatores conseguiram "atingir todos os grupos que podiam ser considerados como os mais inovadores e aqueles que apoiavam a orientação da gestão Ulhoa Cintra", são os termos de *O Livro Negro da USP*. Por isso, "no conjunto, a denúncia procura destruir a influência intelectual de alguns professores e cientistas mais brilhantes da Universidade, afirmação esta que pode ser facilmente comprovada pela simples leitura do *curriculum vitae* de cada um deles", é a conclusão a respeito.[33]

Entendemos que boa parte dessas afirmações feitas pela Adusp referendam nossa convicção de que o objetivo primeiro dos golpistas era calar os elementos críticos que, caso estivessem livres e atuantes, poderiam facilmente desmascarar os planos urdidos na Escola Superior de Guerra, amplamente desenvolvidos desde os primeiros tempos da instalação da ditadura militar, sob orientação direta de seu mais importante criador, o general Golbery, e seguido com muito poucas modificações mesmo no período em que aquele militar esteve fora do governo, durante o período Costa e Silva.

Chama a atenção do observador o fato de que alta proporção dos acusados fizesse parte da Faculdade de Medicina, exatamente a unidade da Universidade de São Paulo que se encarregara de fornecer o principal elemento renovador daquela instituição, o professor Ulhoa Cintra. "É difícil acreditar que a Faculdade de Medicina abrigasse um número muito maior de subversivos que as demais", analisa *O Livro Negro da USP*, e essa é a razão para os redatores desse documento afirmarem, em 1979, que "somos levados a acreditar que a explicação reside no fato de se tratar da escola onde se concentrava o núcleo que apoiou a eleição de Ulhoa Cintra, e inspirou a política de renovação universitária que marcou a sua gestão". Assim pensam os responsáveis pela edição daquele documento, porque "é justamente nessa Faculdade onde o processo de polarização política interna se manifestou com a maior intensidade, opondo ferozmente renovadores e tradicionalistas"[34].

Seria cômico se não fosse trágico: o professor Paulo Duarte processado pelos rinocerontes

Entre as personalidades mais destacadas da Universidade de São Paulo nos anos que precederam o Golpe Militar de 1964, deve ser vista a presença de Paulo Duarte, que conviveu com a entidade desde a sua fundação, na década de

---

[33] Adusp, 1979, p. 19.
[34] Ibidem, p. 29-30.

1930, tendo sido membro do grupo que a idealizou, todo ele ligado ao jornal *O Estado de S.Paulo*. Politicamente, a sua origem começou com o liberalismo, até alcançar uma concepção socialista democrática.

Sua vinculação com o citado diário paulista fez que entrasse desde jovem em choque com o Partido Republicano Paulista, razão pela qual polemizou com muita frequência contra os jornalistas do *Correio Paulistano*, o principal órgão perrepista. Depois de dar o seu apoio à Revolução de Outubro de 1930, como membro do Partido Democrático, em pouco tempo acompanhou o grupo de que fazia parte, ao ter início a Revolução Constitucionalista de 1932, na qual desempenhou um papel dos mais destacados, como combatente, tendo comandado o trem blindado que operou no fronte do Vale do Paraíba. Foi exilado em Portugal após a derrota do movimento. Nessa ocasião, já estava rompido com todos os setores que tivessem ligação com o getulismo, posição que manteve até o final do período populista, em abril de 1964.

Por essa razão, o professor Paulo Duarte não discordou, inicialmente, do golpe de 1º de abril de 1964, por entendê-lo moralizador, uma vez que em sua opinião, tanto Jango, o presidente deposto, quanto Brizola, que era até então a mais importante estrela ascendente do populismo brasileiro, não passavam de verdadeiros oportunistas do trabalhismo e do socialismo. Por esse motivo, ambos, juntamente com seus adeptos e auxiliares, não mereciam a sua confiança.[35]

Além disso, boa parte de sua formação era ainda o suficientemente lastreada no liberalismo, de modo que pôde justificar as suas atitudes como crítica à corrupção que o regime populista facilitava, uma vez que boa parte do apoio que Jango recebia vinha dos sindicalistas pelegos. Não escapou, nesse aspecto, de ter incorrido na prática da crítica pequeno-burguesa moralista a que se refere José Honório Rodrigues.[36]

Essa formação liberal do professor Paulo Duarte, devido a suas relações das mais estreitas com o grupo jornalístico que editava o diário *O Estado de S.Paulo*, nesse preciso momento histórico, acabava por embotar boa parte de sua capacidade analítica, assim como de sua visão crítica, quanto às transformações estruturais que se faziam necessárias para que o país pudesse superar os seus graves problemas sociais e para que passassem a existir condições mínimas e o país alcançasse o socialismo democrático que pregava.

Mas a despeito dessas limitações, no que toca às liberdades fundamentais, como as de pensamento, opinião e de cátedra, exatamente devido a seu liberalismo, Paulo Duarte era um intransigente defensor da autonomia universitária, assim como o era quanto à liberdade de imprensa na condição de jornalista.

---

[35] DUARTE, 1967, p. 158 e p. 169 e ss. sobre Goulart e Brizola, p. 46 e ss. sobre suas concepções socialistas democráticas.

[36] RODRIGUES, José Honório. *Conciliação e reforma no Brasil. Um desafio histórico-cultural*. 2. ed. Rio de Janeiro: Nova Fronteira, 1982. (Logos).

A perseguição contra Paulo Duarte, questão de ódios pessoais dos rinocerontes

Desse modo, o fato de haver Paulo Duarte sido vítima de um processo administrativo, em 1965, mesmo não tendo resultado em punição para aquele docente, naquele momento – sua punição viria mais tarde, em 1969, com base no Ato Institucional n. 5 – seria dos mais significativos. Promovido pelo próprio reitor Gama e Silva, por intermédio do professor Alfredo Buzaid, que na ocasião servia como preposto seu, o processo administrativo levado contra Duarte atingia um dos fundadores da Universidade, o criador do Instituto de Pré-História e, apesar de seu socialismo de cunho elitista e de origens liberais, um elemento que muito se distanciava do populismo deposto em 1964.

E essa punição seguramente pode ser apontada, em grande parte, como amostra de como na ocasião os ódios pessoais e os preconceitos políticos puderam agir livremente e determinar quem teria liberdade e quem não a teria na Universidade de São Paulo.

Como diretor de um instituto da Universidade de São Paulo, o professor Paulo Duarte dispunha de assento no Conselho Universitário. Era favorável à extinção do regime que se baseava na cátedra, que considerava danosa para a formação de uma verdadeira Universidade. Assim pensava, uma vez que partilhava da ideia, já na ocasião bastante difundida pelos partidários da reforma universitária, de que, na maior parte das vezes, o fato de estar o comando da vida universitária nas mãos dos catedráticos mantinha a instituição em ponto morto, impedindo a sua renovação.

Assim era, de acordo com o depoimento do próprio Paulo Duarte, pois os catedráticos tendiam a manter fora da carreira os verdadeiros pesquisadores e os espíritos independentes, não permitindo que ingressassem na carreira ou barrando-lhes a ascensão. Eles assim agiam, alegou, uma vez que a prática usual que seguiam era preferir como assistentes os professores mais dóceis às suas exigências ou os elementos mais mediocres, que não lhes fizessem sombra. Desse modo, garantiam sempre haver em suas cadeiras assistentes obedientes às suas vontades e às ordens dos reitores.

O processo em questão foi aberto a 25 de maio de 1965, por iniciativa do reitor Gama e Silva e do professor Alfredo Buzaid, e sua motivação foi uma entrevista de Paulo Duarte concedida ao jornal paulista *A Gazeta*, em que fez severas críticas ao modo pelo qual estava organizada a universidade brasileira e a Universidade de São Paulo em particular, notadamente no que se relacionava à existência da cátedra e aos problemas decorrentes desse regime. Além disso, ele enfatizou o fato de que a maioria dos reitores da USP havia se caracterizado pelo pouco interesse nas tarefas da mais alta administração acadêmica, acusação de que isentou de modo total o reitor que anteriormente havia ocupado o cargo, o professor Antônio de Ulhoa Cintra, da Faculdade de Medicina, ao mesmo tempo em que esclareceu ser seu substituto o professor Gama e Silva, totalmente inadequado para essas funções, por ser muito conservador.

Comparou então os catedráticos burocratizados com os rinocerontes da peça homônima de Ionesco, por seu conformismo, entorpecimento e miopia. Essa peça, recorde-se, criticava os elementos que, na França do governo de Vichy, de 1940 a 1945, sob a autoridade tutelada do marechal Pétain, fecharam os olhos para os desmandos dos alemães – ocupantes da parte norte do território francês, e virtuais senhores da França dita não-ocupada –, ou foram seus colaboradores declarados.

Quanto aos males decorrentes da cátedra, Paulo Duarte apontou o processo pelo qual se davam os concursos na Universidade, que equiparou a verdadeiras ações entre amigos destinadas a manter o controle dos professores assistentes e impedir o ingresso na carreira de elementos independentes.

Foram esses os motivos para que o professor Paulo Duarte merecesse o processo administrativo, o fato de haver duramente criticado os catedráticos como categoria, na condição de estamento social monopolizador do poder no interior da universidade, comparando-os aos rinocerontes da comédia de Ionesco – e, significativamente, de um autor do teatro do absurdo –, e afirmado que o professor Gama e Silva não era o nome mais indicado para ser reitor, situação de inferioridade que ficava destacada pelo fato de haver sucedido a Ulhoa Cintra, a quem não poupou elogios. Gama e Silva, homem rancoroso, não perdoou Paulo Duarte, que havia sido, até o momento, seu amigo de longa data, mas que era suficientemente objetivo para ver suas qualidades negativas e assim senti-lo pouco adequado para ocupar a Reitoria, exatamente por ser esse o posto mais delicado do processo administrativo e pedagógico universitário.

No tocante aos concursos ao estilo "ação entre amigos", Paulo Duarte conseguiu depoimentos de vários dos mais respeitáveis professores, alguns deles catedráticos, referendando a sua afirmação de que o regime de cátedra, apesar de não obrigar essa espécie de arranjo, facilitava em muito a sua ocorrência, tal como foi a sua cuidadosa afirmação, ao jornalista de *A Gazeta* que publicou as críticas que aquele professor fez ao modo pelo qual a Universidade brasileira estava organizada. Entre os professores que referendaram as palavras de Duarte estavam Paulo Camargo e Almeida, Erasmo Garcia Mendes, Florestan Fernandes, Aziz Nacib Ab'Saber, Paulo Sawaya, Reynaldo Saldanha da Gama e Mascarenhas de Morais.

Por esse motivo, ele arrolou, igualmente, vários depoimentos de professores que se colocavam, tal como ele, em oposição ao regime de cátedra, como o ex-reitor Alípio Correia Neto, o professor e ex-governador de Estado Lucas Nogueira Garcez e mais Reynaldo Saldanha da Gama, amigo pessoal e correligionário político do reitor Gama e Silva e ainda Florestan Fernandes.

Quanto ao professor Alípio Correia Neto, era possível aos autores do processo tentar levantar uma suspeição, uma vez que esse ilustre catedrático de Clínica Cirúrgica era um velho socialista, membro fundador do Partido Socialista Brasileiro, de modo que poderia ser visto como partidário duma crítica severa a Gama e Silva. Esse docente, herói de guerra, como integrante da equipe médica da Força Expedicionária Brasileira, que tantas vezes, em pleno campo de batalha, operou soldados feridos sob o fogo dos canhões nazistas, podia ser visto como inimigo político de Gama e Silva. Entretanto, o ex-governador Garcez e o professor Mascarenhas de Moraes eram conservadores e Saldanha da Gama, mais que isso, amigo de Gama e Silva. Entretanto, serviram de testemunhas, plenamente a favor de Paulo Duarte.

No tocante ao regime de terror vigente na Universidade, após o Golpe de 1964, Paulo Duarte conseguiu os depoimentos de vários professores, entre eles alguns que eram aliados de Gama e Silva, ou pelo menos seguiam opiniões políticas conservadoras. Eles referendaram, assim, as afirmações veementes de Paulo Duarte ao jornal *A Gazeta*.

Entre os que apoiaram suas declarações nesse sentido estavam Erasmo Garcia Mendes, Florestan Fernandes, Aziz Nacib Ab'Saber, Paulo Sawaya, Reynaldo Saldanha da Gama, Lucas Nogueira Garcez e Mascarenhas de Moraes. Se os três primeiros eram elementos ligados à esquerda, os quatro últimos podem ser vistos como ocupando posições mais conservadoras e Saldanha da Gama, especialmente, era favorável ao governo militar.

Sawaya, nesse momento, falava com plena consciência do caso, pois seu filho Sílvio de Barros Sawaya, estudante da Faculdade de Arquitetura e Urbanismo, estava entre os arrolados na lista de 52 delatados pelos professores Teodureto Faria de Arruda Souto, Jerônimo Geraldo de Campos Freyre e Moacyr Amaral dos Santos, logo que triunfou o Golpe Militar.

As críticas de Paulo Duarte ao reitor Gama e Silva, por seu nepotismo e prepotência

Em sua própria defesa, Paulo Duarte escreveu uma longa peça descritiva, em que apresentou os motivos para haver feito declarações ao jornal *A Gazeta*, não apenas criticando o regime da cátedra, mas também apontando as limitações do professor Gama e Silva. Nesse ponto, esforçou-se para demonstrar as razões que faziam com que Gama e Silva, na sua opinião, não pudesse ser um bom reitor. Juntamente com essas, ele apontou os motivos que passou a ver como limitadores para a ação de Buzaid, a quem não conhecia pessoalmente, mas cujas ações, todas elas muito cheias de rancor, demonstravam não estar ele à altura de ocupar os cargos que exerceu, fosse a condução de um mero processo administrativo como foi o processo dos rinocerontes, fosse os altos cargos da burocracia universitária e muito menos um Ministério da importância do da Justiça.

Nesse ponto, Buzaid também deixou antever o modo pelo qual viria a comportar-se futuramente, tanto ao exercer a Reitoria da Universidade de São Paulo, quando Gama e Silva tornou-se ministro da Justiça de Costa e Silva, quanto com relação a seu desempenho no próprio Ministério da Justiça, quando o general Garrastazu Médici substituiu o presidente fardado anterior.

Apontou Paulo Duarte, como um dos absurdos desse processo, a sua falta de embasamento jurídico, o que equivalia a destruir seu fundamento legal. Ao invés de ocorrer um processo pela Lei de Imprensa, ou enquadrando o indiciado no Código Penal (crimes de injúria, calúnia e difamação), como seria formalmente o caso, os autores optaram pelo artigo 602 do Código do Funcionalismo Público Estadual, que havia sido redigido no decorrer do Estado Novo, proibindo os funcionários de se manifestarem contra seus superiores.

Entretanto, esse tópico não podia ser assim tão arbitrariamente aplicado com relação a docentes, pois esses dispunham de liberdade de cátedra, nem podia ser aplicado devido à sua inconstitucionalidade, com relação à Carta de 1946, em vigência naquela oportunidade, e essa tese da defesa contou com amplo apoio jurídico em textos de Pontes de Miranda, Antônio de Sampaio Dória, Ary Franco, Cândido Mota e Vicente Rao, no que toca ao direito de liberdade de expressão e às liberdades de cátedra, ambas plenamente apoiadas pelo texto constitucional, sem as canhestras restrições invocadas pelos desastrados autores do processo administrativo em questão.

Tratavam-se, inquestionavelmente, das maiores autoridades do Direito brasileiro, cujos pareceres e textos deram razão e apoio a Duarte.

Quanto ao parecer do professor Vicente Rao, consta do livro, em adendo, analisando a legislação estatutária do funcionalismo estadual e demolindo totalmente a sua base jurídica, quanto à sua constitucionalidade.

Foi, portanto, uma medida das mais solertes o enquadramento de Paulo Duarte nesse estatuto altamente falho, medida que somente podia causar estranheza, em se tratando de ato de jurista da capacidade de Buzaid, especialista dos mais competentes, em que pese a sua formação tendente ao totalitarismo. Desse modo, o processo – um ato administrativo ordinário –, além de falho juridicamente, apresentava-se eivado da mais pura chicana.

Outras falhas que Duarte apontou foram o fato de ter sido citado para comparecer à audiência a portas fechadas, realizada na Faculdade de Direito, e não em dependência neutra, como seria de se esperar, e, ainda, ao fato de haver sido citado como testemunha um dos autores, professor Tarcísio Damy de Souza Santos, o que é irregular, em termos processuais, uma vez que sendo parte, não poderia testemunhar. Igualmente era inaceitável a citação para comparecimento em recinto como o da Faculdade de Direito, em que os autores poderiam manobrar totalmente uma série de elementos a favor de sua posição.

Para demonstrar a animosidade do professor Tarcísio Damy de Souza Santos contra sua pessoa, motivo mais que suficiente para aumentar as razões de sua desqualificação como testemunha, por ser parte interessada, ajuntou Paulo Duarte o texto de aviso em que a 2 de dezembro de 1965 aquele professor, já exercendo a direção da Escola Politécnica, manifestou-se contra a escolha daquele acusado como paraninfo da turma de engenheiros de 1965. "Por esse motivo, o diretor Souza Santos negou-se a comparecer à formatura e também a enviar representante oficial, por não terem (os engenheirandos) agido dentro do espírito da Revolução de 31 de março de 1964".[37]

A secrecidade do julgamento, igualmente, foi um fator de cerceamento da defesa de Paulo Duarte, inadmissível em qualquer caso de processo, de acordo com a legislação civil, penal ou administrativa, aceitável somente nos casos em que a defesa da honra ou a segurança nacional o exigir, conforme as normas e ritos processuais vigentes.

Entretanto, aquele docente não esteve sozinho na primeira sessão: os estudantes da Faculdade de Direito, em sua grande maioria, declararam-se solidários ao acusado e redigiram manifesto, que mimeografaram e distribuíram por todo o prédio da instituição. Desse manifesto de solidariedade, o professor Paulo Duarte deu conta na página 13 de sua obra a respeito do ridículo episódio iniciado pelos rinocerontes.

Além de Gama e Silva e Alfredo Buzaid, devem ser relacionados entre os *paquidermes* os professores Teodureto Faria de Arruda Souto e Tarcísio Damy de Souza Santos, sendo que o primeiro já foi citado como integrante do grupo de docentes de tendências conservadoras, que se encarregaram de fazer delações ao Dops.

Mostrou, ainda, os desmandos do grupo que assumiu o poder com Gama e Silva, na direção do Fundusp, o organismo encarregado de construir os prédios da Cidade Universitária, que deixou de ser dirigido por um professor, como até então era norma, geralmente um engenheiro ou arquiteto, substituídos por um funcionário subalterno, que vinha de gestões anteriores, o contador Adalberto

---

[37] DUARTE, 1967, p. 138.

Mendes dos Santos, que deixou bem claro ser um executor das determinações do novo reitor, e nada mais.

A esses motivos somava-se o grande despeito de Gama e Silva pelo fato de Paulo Duarte haver se negado a assinar a moção de solidariedade apresentada ao reitor pelo Conselho Universitário, em 1964, por ocasião do ataque por ele sofrido por parte do jornal *Folha de S.Paulo*, sob forma do artigo "Dedo-duro na Universidade", por razões que explicou, em adendo ao livro, sob a forma de pronunciamento naquele Conselho e publicado sob título idêntico ao da matéria do jornal. Na ocasião, o professor Paulo Duarte alegou que não deu o seu apoio a Gama e Silva, como o queria quase todo o Conselho Universitário, "por tratar-se de uma homenagem política e achar impossível qualquer aplauso a uma situação cujos delegados, ainda àquele momento (meados de 1964), depredavam instalações universitárias e demitiam, expulsavam e encarceravam professores e alunos".[38]

Gama e Silva, aparentemente, não se irritou com a negativa do professor Paulo Duarte nessa ocasião, até mesmo porque esse docente alegou, então, que se por uma parte negava-se a dar o apoio político solicitado, poderia, entretanto, em contrapartida, dar um voto de homenagem pessoal ao reitor, que até o momento havia sido seu amigo particular, apesar das muitas divergências políticas que há muitos anos os separavam, dado o profundo conservantismo do reitor, que chegava perto do reacionarismo.

A má vontade dos catedráticos, o motivo do processo dos rinocerontes: a defesa dos privilégios seculares

Apontou, ainda, a grande má vontade dos catedráticos das escolas tradicionais – notadamente a Faculdade de Direito e a Escola Politécnica – para com os Institutos da Universidade de São Paulo, entidades voltadas para a pesquisa científica, ponto em que se distanciavam das faculdades mais antigas, destinadas ao preparo profissional. Desses, o Instituto de Pré-História, que dirigia, era um dos mais visados pelos rinocerontes capitaneados por Gama e Silva, salientando a pouca atenção que mereceram de sua parte os ofícios que enviou solicitando verbas e mais a contratação de docentes, como foi o caso do professor Aziz Nacib Ab'Saber, que deveria dar um curso de introdução ao Período Quaternário e Pré-História Americana, assim como Claude Masset, um catedrático francês da Sorbonne e indicado pelo Musée de l'Homme, de

---
[38] Intercalação nossa. DUARTE, 1967, p. 59 e 155 e ss.

Paris, que havia convidado, como professor-visitante, com a plena aprovação do Conselho Universitário, para encarregar-se de um curso de introdução geral à Pré-História.

O processo dos rinocerontes terminou duma maneira bastante desmoralizante para Gama e Silva e seus seguidores: nada pôde ser provado contra Paulo Duarte, que se manteve em seu cargo de diretor do Instituto de Pré--História, até a ascensão de Gama e Silva ao Ministério da Justiça. Nessa ocasião, aproveitando-se do Ato Institucional n. 5, o antigo reitor, agora licenciado do cargo, fez com que Paulo Duarte fosse compulsoriamente aposentado, juntamente com outros docentes da Universidade de São Paulo e de outras instituições, no dia 20 de dezembro de 1968, ao baixar a segunda lista de aposentadorias decretadas arbitrariamente. Essa aposentadoria forçada ocorreu pouco tempo antes de Paulo Duarte atingir a idade-limite para a permanência no cargo, os 70 anos.

É digno de nota que após a aposentadoria de seu fundador, o Instituto de Pré-História passou por um longo e triste período de hibernação, até voltar a receber, novamente, alguns recursos para que pudesse desenvolver suas tarefas científicas.

Os acontecimentos de 1968: o Ato Institucional n. 5 desaba sobre a Universidade de São Paulo

No dia 13 de dezembro de 1968 o governo federal, exercido pelo marechal--presidente Arthur da Costa e Silva, em meio a uma crise política, procedeu à edição do mais duro instrumento de exceção já existente na História do Brasil, o Ato Institucional n. 5. Essa medida antijurídica, um verdadeiro absurdo, que se sobrepunha à própria Constituição Federal, teve como redator o ex-reitor da Universidade de São Paulo e professor da Faculdade de Direito Luís Antônio da Gama e Silva, que havia se tornado o ministro da Justiça do novo governante.

Ao afastar-se da Universidade para assumir esse posto em que iria exercitar seu autoritarismo, Gama e Silva acabou deixando um substituto muito mais aceitável para a grande maioria da comunidade universitária, pois seu lugar foi ocupado pelo professor Hélio Lourenço de Oliveira, da Faculdade de Medicina de Ribeirão Preto, um administrador bastante benquisto por quase todos os professores e funcionários. A presença de Hélio Lourenço, entretanto, foi muito breve: em pouco tempo seria posto de lado, junto com tantos outros, por um ato de força de Gama e Silva, aposentado compulsoriamente.

O seu lugar foi então ocupado por Alfredo Buzaid, um nome plenamente confiável ao governo ditatorial, ainda que bem pouco aceitável à grande maioria da comunidade acadêmica, e que ficaria nesse posto, a chefia da principal universidade brasileira, até a ocorrência do impedimento de Costa e Silva, decorrente de grave doença, nos meados do ano de 1969.

Com a ascensão do general Garrastazu Médici, substituindo o presidente que deixava o cargo, Buzaid tornou-se o ministro da Justiça. Tivemos, portanto, dois dos rinocerontes na Reitoria e, depois, no Ministério da Justiça.

Para essa sucessão presidencial, deve ser considerado o fato de que nessa ocasião nem mesmo as regras da ditadura foram respeitadas. O substituto legal de Costa e Silva era um civil, o vice-presidente Pedro Aleixo, um político mineiro de origem udenista, e que exatamente por isso, havia sido considerado confiável para a ditadura, quando ainda parecia que seus planos poderiam ser levados adiante sem contestações. Mas quando surgiram crises políticas, como a que motivou a edição do Ato Institucional n. 5, os militares não desejaram entregar o poder a um elemento que, devido ao contexto do momento, poderia fazer gorar seus planos de plena regeneração do Brasil.[39]

Assim era, porque quando Costa e Silva apareceu na reunião ministerial com o texto do AI-5, Pedro Aleixo foi taxativo em reprovar tal medida. Ficou, assim, negativamente marcado pelos ministros militares daquele governo – do Exército, general Aurélio de Lira Tavares, da Marinha, almirante Augusto Hammnan Rademaker Grünnevald e da Aeronáutica, brigadeiro Márcio de Souza e Mello – que constituíram a junta militar que assumiu o governo quando do impedimento de Costa e Silva e encaminhou a sucessão em favor do general Emílio Garrastazu Médici, quando a solução constitucional seria dar posse a Pedro Aleixo.

Não julgaram os militares pertinente deixar o governo com um paisano – o termo que, dotado de certa conotação pejorativa, é adotado, em suas conversas privadas, para referirem-se aos civis em geral –, e dessa forma, o sucessor do presidente impedido foi Médici, até então um obscuro general de quatro estrelas. O escolhido contava, a seu favor, com dois trunfos de valor: era muito pouco conhecido e, por isso, deixava evidente que o propósito militar era agora a realização de um projeto burocratizado, baseado na hierarquia e disciplina, formado por quadros e não por líderes carismáticos, como havia sido a regra do período populista civil; além disso, era o chefe do Serviço Nacional de Informações e, portanto, dispunha de dados de extrema valia, para afastar os concorrentes da alta hierarquia.

---

[39] Inúmeros pronunciamentos afirmam que Pedro Aleixo caiu em suspeita por parte dos comandos ao negar-se a assinar o AI-5, segundo o reconhecimento quase que unânime dos estudiosos.

A primeira lista de aposentadorias arbitrárias de professores universitários

Pouco depois da edição do Ato Institucional n. 5, ocorreu a 20 de dezembro de 1968 uma perseguição em massa de professores universitários, entre eles três da Universidade de São Paulo, com a aposentadoria forçada de elevado número, ao todo 43 elementos visados. A ilegalidade do ato é patente, uma vez que nem sequer os cuidados formais, característicos desse tipo de ação, foram devidamente respeitados.

Assim foi, porque o decreto rezava que estavam devidamente aposentados, com vencimentos proporcionais ao tempo de serviço, "nos cargos que ocupam nos órgãos da Administração Pública Federal", três professores da Universidade de São Paulo, que nunca pertenceu à referida administração, e sim, à estadual. Eram eles Florestan Fernandes, Jaime Tiomno e João Batista Villanova Artigas.

O decreto punitivo em questão foi assinado pelo marechal-presidente Arthur da Costa e Silva e por seu ministro da Justiça, Gama e Silva, o autor intelectual do Ato Institucional n. 5. Trazia também a assinatura de Tarso Dutra, o ministro da Educação e Cultura e uma das mais medíocres figuras da ditadura militar, uma vez que tal ato abusivo destinava-se a aposentar docentes do ensino superior federal, que lecionavam nas Universidades Federais brasileiras e que eram, portanto, sujeitas à sua pasta, e não aos que estavam ligados às universidades estaduais. Entretanto, a afoiteza em punir inimigos políticos e perseguir os adversários pessoais, a pouca preocupação em esconder a flagrante ilegalidade, uma vez que o governo federal sentia-se senhor de baraço e cutelo, fez com que figurassem na lista os nomes já citados, de professores que não faziam parte dos quadros do ensino público superior federal, e sim, do magistério superior estadual paulista.

Os professores aposentados pelo ato de 20 de dezembro de 1968, apresentados naquela medida por ordem alfabética, são Abelardo Zaluar, Alberto Coelho de Souza, Alberto Latorre de Faria, Augusto Araújo Lopes Zamith, Aurélio Augusto Rocha, Bolívar Lamounier, Carlos Alberto Portocarrero de Miranda, Eduardo Moura da Silva Rosa, Elisa Esther Frota Pessoa, Eulália Maria Lahmayer Lobo, Florestan Fernandes, Guy José Paulo de Holanda, Hassim Gabriel Merediff, Hélio Marques da Silva, Hugo Weiss, Ildico Maria Erzsebet, Jaime Tiomno, João Batista Villanova Artigas, João Cristóvão Cardoso, João Luís Duboc Pinaud, José Américo da Mota Pessanha, José Leite Lopes, José de Lima Siqueira, Manoel Maurício de Albuquerque, Maria Célia Pedroso Torres Bandeira, Maria Helena Trench Villas Boas, Maria Heloísa Villas Boas, Maria José de Oliveira, Maria Laura Mouzinho Leite Lopes, Maria Yedda Leite Linhares, Marina São Paulo de Vasconcellos, Marina Coutinho, Mário Antônio Barata, Milton Lessa Bacios, Mirian Limoeiro Cardoso Lins, Moema Eulália de Oliveira Toscano, Plínio Sussekind da Rocha, Quirino Campofiorito, Roberto Bandeira Accioli, Sara de Castro Barbosa e Wilson Ferreira Lima.[40]

A arbitrariedade desse decreto absurdo motivou um enérgico protesto do vice-reitor em exercício da Universidade de São Paulo, o professor Hélio Lourenço de Oliveira, que era membro do quadro da Faculdade de Medicina de Ribeirão Preto, como catedrático, e que se encontrava à frente da Reitoria da instituição que havia acabado de perder Florestan Fernandes, Jaime Tiomno e Villanova Artigas. Hélio Lourenço estava ocupando o cargo devido ao fato de ser Gama e Silva, o reitor efetivo, o ministro da Justiça do presidente militar Costa e Silva. Em breve, o reitor Hélio Lourenço de Oliveira pagaria, e bem caro, o seu gesto de coragem e de solidariedade para com os colegas punidos pelo arbítrio.

O caso do jurista assassinado após ser espancado por estudantes universitários direitistas

Faltava na lista de delações de 1964 e na de professores aposentados pelo Ato Institucional n. 5 o nome do professor Alberto da Rocha Barros, um famoso especialista em questões de legislação trabalhista e conhecido militante de esquerda, que não precisou ser arrolado nessa súmula, pois quando prestava a sua solidariedade aos protestos estudantis, no mês de novembro de 1968, em frente à Faculdade de Direito da Universidade de São Paulo, em que lecionava, sofreu violenta agressão por parte de estudantes direitistas e, praticamente, podemos dizer que foi assassinado a pancadas, pois veio a morrer, pouco depois, a 9 de dezembro de 1968, na véspera da decretação daquele Ato Institucional, em consequência de lesão cardíaca, agravada pelos ferimentos recebidos, aos 59 anos.[41]

O professor Rocha Barros havia, desde a juventude, militado em organizações antifascistas, notadamente na década de 1930, quando escreveu um pequeno livro, destinado ao grande público, intitulado *Que é o fascismo*. Destacou-se, no decorrer de sua vida acadêmica e forense, nos trabalhos de jurisprudência e de aperfeiçoamento doutrinário sobre a Consolidação das Leis do

---

[40] Adusp, 1979, p. 38-9.
[41] MONIZ BANDEIRA, Luiz Alberto. Um mestre do Direito e da vida, prefácio a *Que é o fascismo*, de Alberto Rocha BARROS. Rio de Janeiro: Laemmert, 1969. (Cultura Popular).

Trabalho, e pautou sua atuação como um intransigente defensor dos interesses gerais dos trabalhadores.

Alberto da Rocha Barros era, portanto, uma nota destoante nos quadros da Faculdade de Direito do Largo de São Francisco, até bem pouco tempo composta por elementos eminentemente conservadores, quando não puramente dos mais reacionários. Ainda que não se possam fazer acusações sobre esse crime a seus colegas e superiores que seguiam as tendências conservadoras, a verdade é que esses nada fizeram para exigir que se procedesse à punição dos criminosos.

O mais curioso, quanto a esse personagem, é quanto à sua origem de classe, aristocrática, o que, tal como no caso de Caio Prado Jr., não impediu que se sentisse solidário com os trabalhadores. Isso bastava para atrair contra ele a má vontade dos reacionários do Largo de São Francisco.

A segunda lista de aposentadorias arbitrárias, voltada contra a Universidade de São Paulo

Novo decreto de aposentadorias compulsórias foi baixado pouco tempo depois, igualmente com base no Ato Institucional n. 5, no dia 29 de abril de 1969. Trazia, da mesma forma, as assinaturas de Gama e Silva e de Tarso Dutra, junto da do presidente Costa e Silva. E dos atingidos, seis não eram membros da Universidade de São Paulo na ocasião em que esse ato de força foi baixado.

Eram, por ordem alfabética, Alberto de Carvalho da Silva, Bento Prado Almeida Ferraz Jr., Caio Prado Jr., Elza Salvatori Berquó, Emília Viotti da Costa, Fernando Henrique Cardoso, o reitor Hélio Lourenço de Oliveira, Isaías Raw, Jean-Claude Bernardet, Jon Androni Vergareche Maitrejean, José Arthur Gianotti, Júlio Puddles, Luís Hildebrando Pereira da Silva, Luiz Rey, Mário Schenberg, Octavio Ianni, Paulo Mendes da Rocha, Olga Baeta Henriques, Paula Beiguelman, Paulo Alpheu Monteiro Duarte, Paul Israel Singer, Pedro Calil Padis, Reynaldo Chiaverini e Sebastião Baeta Henriques.[42]

Novamente, a lista de punições arbitrárias, apesar de haver sido elaborada pelo mesmo professor da Faculdade de Direito que se encarregou da primeira, não foi das mais cuidadosas, no tocante ao respeito formal que o Direito Romano exige. Assim podemos dizer, porque havia nesse rol nada menos de seis nomes de pessoas que não faziam parte dos quadros docentes da Universidade de São Paulo.

---

[42] Adusp, 1979, p. 40-1.

O primeiro caso que chama atenção é novamente o de Caio Prado Jr., que não tinha qualquer cargo docente, e sim apenas o título de livre-docente, cujo acesso é aberto a todos os interessados que preencherem os pré-requisitos legais, a mesma situação já vista no episódio da lista de delações elaborada em 1964. A carga que foi feita contra seu nome devia-se ao fato de que, detentor desse título, ao lado de sua respeitável obra de História Econômica e Social, ele poderia, a qualquer momento, vir a concorrer a um cargo docente, e com isso, se aprovado, seria uma nota discordante nos quadros da Faculdade de Direito, no que toca ao conservantismo daquela unidade acadêmica.

Júlio Puddles era outro caso de aberração jurídica, no que toca à sua punição. Havia sido demitido em 1964, em consequência do inquérito policial militar da Faculdade de Medicina de São Paulo, e apesar de sua plena absolvição pela Justiça Militar, não conseguira ser novamente integrado ao quadro docente daquela instituição, de modo que estava fora do magistério superior estadual paulista no momento em que foi aposentado.

Desse modo, a punição que lhe foi imposta acabou por punir pela segunda vez uma pessoa que já havia sido absolvida, de acordo com todos os ritos legais. Nesse ponto, a Justiça Militar foi menos realista que o rei, em comparação com os responsáveis pela recolocação do docente que, inocentado, não teria mais qualquer motivo para ficar excluído do cargo que até então havia exercido.

Luiz Rey e Reynaldo Chiaverini estavam em situação semelhante à do professor Júlio Puddles: suas absolvições, pela Justiça Militar, não foram seguidas, como de direito, duma pronta e imediata recontratação em seus cargos, como seria de se esperar. Quanto a Chiaverini, por sinal, não era ele um professor da Faculdade de Medicina, e sim, profissional médico integrante do corpo clínico do Hospital das Clínicas daquela instituição.

Novamente, os órgãos burocráticos da Universidade não haviam levado em conta as absolvições desses elementos apontados pelas delações da lista de 1964.

Dois dos punidos não tinham quaisquer vinculações com a Universidade de São Paulo. Eram o casal Sebastião Baeta Henriques e sua esposa Olga Baeta Henriques, pesquisadores do Instituto Butantã, cuja única relação formal com a Universidade era a vizinhança topográfica, por estarem ambas as instituições localizadas lado a lado, no bairro paulistano do Butantã.

Pedro Calil Padis, professor de Economia, na ocasião pertencia aos quadros de uma entidade isolada de ensino superior duma cidade do interior paulista, a Faculdade de Filosofia, Ciências e Letras de Araraquara, e por isso, não era um membro do corpo docente da Universidade de São Paulo.

A Faculdade de Filosofia de Araraquara é hoje pertencente à Unesp – Universidade Estadual Paulista Júlio de Mesquita Filho, somente criada nos meados da década de 1970, e que no momento da aposentadoria forçada do professor Calil Padis estava vinculada diretamente à Casa Civil do Governo do Estado de São Paulo, ainda que, como competia a uma escola superior oficial paulista, fosse dotada de completa e total autonomia universitária, como de praxe e de direito.

Para muitos desses professores, o aviso já havia sido transmitido nos primeiros dias da ditadura: para isso a repressão havia encarregado os professores Teodureto Faria de Arruda Souto, Moacir Amaral dos Santos e Jerônimo Geraldo de Campos Freyre de proceder como delatores. Desse ato de delação, constavam três professores que já haviam sofrido o indiciamento perante a Justiça Militar, com desagradáveis resultados. Tais eram os casos de Florestan Fernandes e Villanova Artigas, dois dos uspianos constantes das levianas calúnias de seus colegas, e isso, logo quando o golpe de Estado foi desferido, aposentados pela decisão da primeira lista, em 20 de dezembro de 1968.

Outros dos elementos que, da mesma forma, foram vítimas desse ato dos mais reprováveis, a calúnia sem qualquer dose de verdade, eram Caio Prado Jr., Fernando Henrique Cardoso, Isaías Raw, Júlio Puddles, Luiz Hildebrando Pereira da Silva, Mário Schenberg, Paulo Duarte, Paul Singer e o médico do Hospital das Clínicas Reynaldo Chiaverini, da segunda lista de punições arbitrárias. E, em certos casos, o aviso não havia se limitado à pura delação, pois chegaram mesmo à prisão arbitrária os casos de Florestan Fernandes, Isaías Raw e Mário Schenberg, nas masmorras do Dops ou em dependências de quartéis, e quanto a Luiz Hildebrando Pereira da Silva, nos porões da presiganga Raul Soares.

O fato de estarem, na grande maioria dos casos, as vítimas das duas listas entre os elementos mais destacados de suas especialidades, alguns deles com renome internacional e outros despontando como cientistas dos mais promissores, explica, em grande parte, as perseguições que sofreram. As aposentadorias, portanto, removiam-nos do caminho de elementos medíocres, que lhes temiam a concorrência, ou de outros que, por afoiteza, não desejavam investir seu tempo nos trabalhos de qualificação que lhes dariam o grau de excelência que invejavam nos rivais intelectualmente mais qualificados.

Outros foram postos de lado em virtude da severidade das críticas que endereçavam ao governo militar. Eram os casos de muitos dos mais importantes universitários brasileiros, como Florestan Fernandes, Fernando Henrique Cardoso, Bento Prado Jr. e José Arthur Gianotti. O mesmo se deu com Caio Prado Jr., crítico implacável tanto das arrogantes direitas brasileiras quanto das pretensiosas e afoitas esquerdas, como demonstrou em sua última obra analítica da vida política do país, *A revolução brasileira*.[43] Foi preventivamente colocado na lista, a fim de que não tivesse voz.

---

[43] PRADO Jr., Caio. *A revolução brasileira*. São Paulo: Brasiliense, 1966.

O reitor Hélio Lourenço explica sua perplexidade: não sabia por que foi aposentado

Nada explica melhor as perplexidades de boa parte dos atingidos por essa lista de aposentadorias forçadas que as declarações do vice-reitor Hélio Lourenço de Oliveira, em longo depoimento prestado à Adusp, quando da elaboração dos depoimentos de O Livro Negro da USP. "Até hoje não sei, de ciência sabida, qual o motivo de minha inclusão nas punições pelo Ato Institucional n. 5, em abril de 1969. Não fui informado, nunca inquirido, jamais indiciado num processo", é a sua declaração sobre esse assunto, das mais categóricas e enfáticas.[44]

Certamente, muitos dos demais atingidos estavam na mesma situação, quanto à falta de explicações para as punições sofridas, no momento em que ocorreram. Mas podemos suspeitar que nesses casos os motivos eram as vinganças de caráter pessoal. Quanto ao professor Hélio Lourenço, tudo indica que seu protesto, quando da primeira lista, que vitimou três docentes da universidade que dirigia, foi o principal motivo para seu alijamento do cargo, uma vez que o então ministro da Justiça Gama e Silva, que era o reitor licenciado, não queria deixar naquele posto qualquer pessoa que pudesse divergir de seus atos abusivos. E como dispunha de poderes muito amplos, por ser um dos homens de confiança do presidente Costa e Silva, não lhe foi difícil afastar esse dirigente universitário que, sabia claramente, não rezava por sua cartilha.

Apesar de sua perplexidade, o vice-reitor reconheceu que haviam circulado boatos sobre seu esquerdismo em notícias publicadas em jornais paulistas e cariocas, quando de sua indicação para o cargo no qual ficou tão pouco tempo. Os comentários diziam que havia causado suspense nos meios militares de São Paulo a inclusão do seu nome na lista tríplice para a escolha do vice-reitor, segundo o *Correio da Manhã*, citando a fonte, o Ministério da Justiça, e que nesse sentido específico, "os setores duros do II Exército declararam-se constrangidos" com essa inclusão, uma vez que o professor em questão "tinha um passado subversivo", nas palavras do *Diário de S. Paulo*.[45]

Hélio Lourenço de Oliveira foi escolhido à revelia de Gama e Silva, por decisão pessoal do governador paulista Abreu Sodré, que não gostava de Gama e Silva, e, igualmente, não era apreciado por aquele jurista guindado ao ministério da Justiça, uma vez que este sempre havia desejado ocupar o cargo que acabou designado ao outro, o governo do estado de São Paulo. Desse modo,

---

[44] OLIVEIRA, in Adusp, 1979, p. 42.
[45] Idem.

Gama e Silva atuou sempre no sentido de preservar-se com relação a Sodré e este, em contrapartida, sempre que pôde, procurou isolar o reitor licenciado e depois ministro da Justiça.

Quanto ao primeiro jornal citado, o fato de haver mencionado o Ministério da Justiça dizia muito, o que o próprio vice-reitor punido reconhecia ser o descontentamento de Gama e Silva, que "não teria na Reitoria o alter ego com que desejava contar na Universidade" (Id., ib., p. 42).

Quanto ao *Diário de S. Paulo*, não é de se descuidar para o fato de que fazia parte da cadeia dos *Diários Associados*, pertencente a Assis Chateaubriand, homem que desde o primeiro momento havia prestado integral apoio aos golpistas e até mesmo promovido uma campanha popular de arrecadação de fundos, dizendo ser para auxiliar o novo governo, sob o tema "ouro para o bem do Brasil", ainda que nunca fosse divulgado de maneira satisfatória o destino dos recursos arrecadados. Essa campanha de Assis Chateaubriand, aliás, foi mais uma de suas muitas nebulosas iniciativas, sobre as quais os comentários que pairavam eram dos menos abonadores.

Assim, mesmo que pudesse achar que não havia nenhum motivo ideológico para sofrer essa espécie de tratamento, o professor Hélio Lourenço estava ciente de que seu nome não era dos mais benquistos junto do reitor efetivo, licenciado para exercer um alto cargo federal, o que lhe dava poderes ainda mais amplos que os de que dispunha, quando na Reitoria. Gama e Silva não gostava pessoalmente do governador paulista Abreu Sodré, e como cabia a este a escolha do vice-reitor, o teor dos noticiários destinava-se a fazer pressões sobre aquela autoridade estadual.

O professor Hélio Lourenço criticou, nesse depoimento, as atitudes de suspeita gratuita e o clima de caça às bruxas existente desde o Golpe Militar. Dessa crítica consta sua reprovação quanto à comissão de professores que em 1964 foi destinada a fazer delações. É evidente que, com essa atitude, não iria ser bem visto por Gama e Silva.

Criticou, no mesmo depoimento, uma atitude que viu como das mais reprováveis – cujo protagonista não identificou, dizendo apenas tratar-se de profissional de altos méritos, no seu campo de atuação científica –, que afirmou ter sido desnecessária a comissão de investigações internas, uma vez que os comunistas da Universidade eram notórios e estavam concentrados em três faculdades e cujos nomes se dispunha a revelar, se para essa tarefa fosse convocado.[46]

---

[46] Idem.

A punição de quem afirmou o óbvio em saúde pública

O professor Lourenço citou, igualmente, o caso de um professor de Clínica Médica que foi indiciado e intimado a depor, pelo simples fato de haver enfatizado aos estudantes que uma das causas das doenças apresentadas por determinados pacientes da enfermaria sob a sua responsabilidade era, pura e simplesmente, a prolongada desnutrição.

Assim, um problema nacional cuja existência jamais constituiu mistério, a carência alimentar, acabou sendo visto como ação subversiva dum professor, por ter sido citado e analisado em sala de aula, no lugar mais adequado para essa finalidade, o curso de Clínica Médica. A atitude suspeita é de extremo ridículo, se levarmos em conta que não foram poucas as vezes que os próprios relatórios militares, redigidos por oficiais encarregados de fazer recrutamento de soldados, terem se referido ao elevado número de jovens recusados pelo serviço médico do Exército, devido, exatamente, a problemas de desnutrição.

Esses relatórios militares, a bem dizer, são constantes dos anais do Exército desde o século XIX, ainda nos tempos do Império, e que entraram pela República adentro, e prosseguiram, mesmo no período da ditadura. Um exemplo dos mais recentes desses relatórios, datado de 1982, é do general Danilo Venturini.

Igualmente, deve ser lembrado que nos meados da década de 1920 Monteiro Lobato conseguiu extraordinária ressonância com seus artigos sobre as péssimas condições de saúde do povo brasileiro. Esses escritos relacionavam-se com as campanhas de saneamento que vinham sendo desenvolvidas no estado de São Paulo pelos sanitaristas Arthur Neiva e Belisário Pena, e foram publicados no jornal *O Estado de S.Paulo* e, posteriormente, reunidos no livro *O problema vital*, obra que teve grande repercussão, tal como ocorreu com seus artigos para aquele diário.

Outro publicista que se pronunciou sobre o tema em questão sem causar qualquer constrangimento ou ser acusado de subversão foi o doutor Miguel Pereira, um dos mais ilustres médicos clínicos da primeira metade do século XX, e professor da Faculdade de Medicina do Rio de Janeiro, que se notabilizou ao proferir uma frase tornada célebre, a de que o Brasil era "um imenso hospital". A afirmação foi repetida por muitos, sem que ele ou ninguém mais que a citasse fosse levado até a delegacia de polícia por tal motivo.[47]

O que havia, portanto, era uma grande vontade de punir os inimigos políticos ou os rivais na carreira universitária, os elementos que ocupavam postos cobiçados pelos medíocres ou simplesmente fizessem parte de facções distintas,

---
[47] MARTINS, Carlos Benedito. *Ensino pago: um retrato sem retoques*. 2. ed. São Paulo: Cortez Editora, 1988.

nos campos de luta na política acadêmica. E para esses casos, todas as desculpas valiam como prova de delito, em se tratando de alijá-los.

Reportou-se ainda o professor Hélio Lourenço a seu protesto contra as aposentadorias de Florestan Fernandes, Villanova Artigas e Jaime Tiomno, salientando que sua manifestação ocorreu em termos protocolares e respeitosos, dirigida ao ministro da Educação e Cultura, Tarso Dutra, solicitando a reconsideração da medida. Não recebeu ele de imediato qualquer explicação; apenas em abril de 1969 viria a manifestação de Tarso Dutra. "O telex de retorno, subscrito pelo ministro, era quase um desafio: apenas indagava a opinião do reitor em exercício, sobre se são justos ou não quanto aos fundamentos ideológicos e de defesa do regime os atos de aposentadoria de professores dessa Universidade expedidos pelo Governo Federal", historia o professor Hélio Lourenço.[48]

No dia seguinte a essa resposta, antes que o vice-reitor pudesse enviar qualquer tipo de resposta ao ministro, foi publicada a segunda lista de aposentadorias forçadas, na qual estava o seu nome. O motivo, no entender do professor Hélio Lourenço, foi o fato de que não era ele o elemento que o poder constituído pelo Golpe Militar julgava adequado para o cargo, uma vez que a virtude desejada para o detentor do cargo era a submissão.

"Compreendo que quisessem o posto que, no momento, eu ocupava: a Reitoria da USP", prossegue o depoente, interpretando o motivo: "Mais de cima, por não olharem com bons olhos a Universidade levando a sério sua autonomia e liberdade de decisão e manifestação. Mais de baixo, por se querer usar aquela cadeira como degrau. Duas razões que podiam harmonizar-se muito bem – e, realmente, harmonizando-se é que melhor se realizariam ambas", declara, mostrando que os interessados eram tanto a cúpula governamental quanto os postulantes ao cargo que ocupava.[49]

Era uma clara alusão a Gama e Silva, entre os "de cima", e Alfredo Buzaid, o principal dos "de baixo", que foi quem mais se beneficiou de sua aposentadoria, por ter assumido a Reitoria, em caráter temporário, ainda que estivesse claro que essa temporalidade ocasional não seria solucionada tão prontamente, a não ser quando interessasse ao governo que fosse dada uma solução. O autoritário professor Alfredo Buzaid deveria ficar indefinidamente como reitor, o que não ocorreu porque em breve daria um passo mais alto, alcançando o posto de ministro da Justiça, no governo Médici.

Foi então eleito um novo reitor, novamente um homem saído da Faculdade de Direito e de orientação conservadora, o professor Miguel Reale, que, entretanto, viria a desempenhar uma gestão isenta de arbítrio, por sua parte, e

---

[48] OLIVEIRA, in Adusp, 1979, p. 46.
[49] Idem.

os casos de prepotência registrados não ocorreram por sua responsabilidade, e sim, dos órgãos de segurança que estavam firmemente inseridos nos meios universitários brasileiros, segundo apurou-se mais tarde, comprovadamente, mas cuja presença era das mais evidentes, até ao menos atento dos observadores.

As novas perseguições da década de 1970: período de terror generalizado no meio universitário

As aposentadorias forçadas não iriam parar nesse momento de tensões iniciado com o Ato Institucional n. 5. Um dos motivos pelo qual essa medida antijurídica foi decretada era a oposição parlamentar, demonstrada por alguns poucos deputados mais corajosos, pertencentes ao MDB, o partido de oposição criado em consequência de Ato Institucional anterior, o de número 2. Ao extinguir os partidos tradicionais, tanto os existentes desde 1945 – a UDN, o PSD, o PTB, o PSP ademarista, o PSB, o PDC e o PRP, que arregimentava os antigos integralistas – e mais as pequenas siglas que foram criadas a partir de cisões no interior do trabalhismo de inspiração getulista, o governo militar instituiu o sistema bipartidário oficial. Como boa parte dos parlamentares mais atuantes e reformistas já estava fora da vida política, cassados, e muitos deles voluntariamente exilados, quando não fugidos da ditadura, era, de fato, bastante difícil aos emedebistas procederem a uma oposição autêntica.

Difícil, ainda que não impossível. Falava-se, por isso, em ser o MDB somente uma oposição consentida, o que é apenas meia-verdade, como ficou demonstrado pelo livro especialmente dedicado ao desempenho desse partido, escrito pela cientista política Dalva Kinzo.[50]

Entretanto, o incidente ocorrido em Brasília, na Câmara dos Deputados, com o deputado carioca Márcio Moreira Alves, cujo pronunciamento foi encarado como altamente ofensivo aos brios do Exército, lançou os militares da linha dura em campanha: quiseram processar o parlamentar oposicionista. Como tal processo, por motivos constitucionais, dependia de licença da Câmara de Deputados, tal permissão foi pedida, com a certeza de que seria concedida, uma vez que era solicitada – ou melhor, exigida – pelos quartéis. Mas como o Legislativo não concedeu essa permissão, o governo de Costa e Silva procedeu ao fechamento das duas casas legislativas e puniu o deputado em questão, juntamente com outros, entre eles alguns da Arena – o partido de sustentação do governo

---

[50] KINZO, Maria D'Alva Gil. *Oposição e autoritarismo. Gênese e trajetória do MDB. 1966-1979*. São Paulo: Vértice/Revista dos Tribunais/IDESP, 1988 (História Eleitoral do Brasil).

militar –, como Roberto Cardoso Alves, Yukishigue Tamura e Antônio Sílvio Cunha Bueno.

Além disso, havia a pressão do movimento estudantil, que se manifestava não apenas pelas passeatas, mas também pela ocupação dos prédios das faculdades. Desse gênero de atividade, as mais notórias foram as ocupações dos prédios da Faculdade de Filosofia da Universidade de São Paulo, situados na rua Maria Antônia. Entretanto, até a Faculdade de Direito de São Paulo, um dos centros mais conservadores da Universidade, e isso, não somente por parte do conservadorismo da maioria dos professores, mas também por muitos de seus alunos, também sofreu ocupação em 1968.[51]

O Ato Institucional n. 5 calou de vez, por um período bastante longo, os poucos parlamentares dispostos ainda a fazer oposição; ao mesmo tempo, a repressão policial, feita pelos diversos Dops estaduais e, logo a seguir, pelos serviços secretos das Forças Armadas, que organizaram os DOI-Codis, impediu eficazmente as manifestações estudantis, assim como quaisquer outros protestos organizados e de massas. O resultado que se seguiu foi a luta armada, equivocada, como os acontecimentos posteriores vieram a demonstrar, mas que acabou sendo encarada pelos oposicionistas mais radicais como a única oportunidade de contestação ao governo da ditadura.

Com isso, o Ato Institucional n. 5 foi aplicado com frequência, causando prisões arbitrárias. Essa medida em questão era absolutamente antijurídica, pois autorizava a detenção sem mandado judicial por tempo indefinido; pela falta de informações sobre os detidos, pois as garantias do tipo do *habeas corpus* não podiam ser invocadas em favor de presos políticos; pela tortura, porque os órgãos denominados de segurança dispunham de carta branca para agir sem limites em busca de informações sobre os mais variados tipos de inimigos do regime, ou dos que assim fossem considerados.

O período Médici, a época áurea da repressão brutal e do terror cultural

Nos meios universitários, em se tratando de docentes, ao lado da triagem ideológica, no que tocava ao ingresso na carreira, as aposentadorias forçadas

---

[51] Foi por ocasião da ocupação da Faculdade de Direito que se deu o assassinato do professor Alberto da Rocha Barros, quando foi dar sua solidariedade aos estudantes. Quanto a esse fato, foram inúmeros os pronunciamentos de seu filho, já falecido, o doutor Alberto Luís da Rocha Barros, professor do Instituto de Física e fiel amigo de Mário Schenberg, ao qual servia de contato, por ocasião dos momentos em que andou foragido.

foram ainda aplicadas, apesar de não mais haverem ocorrido as grandes listas de punidos. Um dos casos em que essa punição ocorreu deu-se no segundo semestre de 1971 no Departamento de História da Faculdade de Filosofia, Letras e Ciências Humanas, como agora se denominava a Faculdade de Filosofia, Ciências e Letras da Universidade de São Paulo, depois da reforma universitária. Vitimou uma professora do curso de História da América, Ivonne Dias Avelino, pessoa das mais discretas e de nenhuma atuação política. Essa punição espantou a todos, até mesmo por ser a professora Ivonne afastada da militância e, sobretudo, por ser irmã do catedrático de História da América, professor Manuel Nunes Dias, elemento dos mais conservadores e ligados ao regime, como sua atuação nas reuniões da Congregação o demonstram. Assim, julgava-se que a professora deveria ter um mínimo de retaguarda, o que não ocorreu.

Apurou-se, mais tarde, qual foi o delito cometido por essa docente: estava ainda integrando a rede estadual de educação, como professora do colégio estadual Carlos Maximiliano Pereira dos Santos, situado em São Paulo, e assistira a uma peça teatral encenada pelos alunos daquele estabelecimento, em que personagens históricas foram apresentadas de maneira jocosa. Ela riu-se do desempenho dos atores, tal como todos os demais presentes, e algum inimigo seu testemunhou o ato e denunciou-a aos órgãos de segurança. Por esse motivo, foi afastada da Universidade de São Paulo, o que não a impediu de ingressar no corpo docente da Pontifícia Universidade Católica de São Paulo e, posteriormente, no Colégio Santa Cruz, dirigido por sacerdotes católicos canadenses. Foi um caso dos mais inexplicáveis e surrealistas da época.

Outro episódio ocorreu na Universidade de São Paulo, citado em *O Livro Negro da USP*. Tal foi o caso da professora Ada Natal Rodrigues, ingressante da Faculdade de Filosofia, que em 1972 foi caluniada por colegas junto à Secretaria da Educação, pois além de seu cargo no ensino superior, exercia também o magistério secundário. Submetida a um inquérito policial militar, foi levada a julgamento e absolvida por unanimidade, pois ficou evidente que, muito mais que responsabilidade por delitos contra a segurança nacional – o único caso que autorizava o processo pela Justiça Militar –, ela havia sido vítima de calúnias, pois as acusações não iam além das vinganças pessoais. Entretanto, a professora Ada Natal Rodrigues não foi readmitida em sua cadeira no curso secundário, sendo aposentada e, por isso, não conseguiu ser reconduzida a seu cargo na Universidade.

Como a Justiça Militar limitava-se a condenar e, nesse caso, proceder ao encarceramento do réu, ou absolver e determinar que o acusado permanecesse em liberdade, mas não garantia a restituição de direitos civis, como eram os caso de Ada Natal Rodrigues e de Ivonne Dias Avelino, foram comuns os episódios semelhantes, em que os elementos absolvidos pelos juízes militares não foram reintegrados aos direitos de que haviam sido espoliados.

A ditadura já havia agido por atacado, ao proceder ao afastamento de inimigos reais ou potenciais; agora iria agir pelo varejo, buscando os casos isolados, na maior parte das vezes. Mas nem por isso seria possível ver a ação da ditadura como abrandada: havia começado o governo Médici e, com ele, a sangrenta repressão política à luta armada, no campo e nas cidades, de modo que mais que impedir de trabalhar, criar empecilhos ou realizar maus tratos carcerários relativamente leves, como foram os do período compreendido entre 1964 e 1968, inaugurou-se com o endurecimento do regime uma era em que a tortura foi institucionalizada, e não poucas foram as pessoas que desapareceram, no sentido literal da palavra, sem deixar qualquer pista. Ou seja, delas nunca mais se soube qualquer notícia.

Uma das características que haviam se firmado, com a decretação do Ato Institucional n. 5, foi a acentuação do caráter repressivo da ditadura, que não chegou a atingir aspectos totalitários, com a completa superposição do Estado à sociedade civil, não permitindo a existência de nada fora do Estado, nada acima do Estado, nada contra o Estado; teve, entretanto, uma sensível hipertrofia do Executivo. Nessa circunstância, torna-se perfeitamente compreensível que tivessem prosseguimento as punições e se agravasse o estado de terror, com a constante manutenção das ameaças de cassações de mandatos e direitos políticos, no caso dos parlamentares e lideranças, assim como as aposentadorias forçadas, as negativas de permissão para o ingresso nas carreiras públicas, entre elas a universitária, e as transferências para a reserva ou pura e simples expulsão dos quadros, em se tratando de militares.[52]

O Executivo, portanto, se não chegou a exigir formalmente o ingresso no partido do governo das pessoas desejosas de integrar os diversos setores do serviço público, como ocorre no modelo político totalitário, seguindo assim mais os modelos do regime autoritário, foi, todavia, severo ao extremo em proceder ao controle ideológico.[53]

---

[52] As punições de militares foram excepcionalmente severas em se tratando de sargentos, uma vez que os comandos temiam esses graduados devido à sua maior proximidade com as tropas. Daí a dureza com que muitos foram tratados nos órgãos de repressão.

[53] É possível estabelecer, como diferença entre os sistemas totalitários e autoritários, o critério de maior ou menor abrangência do Estado com relação à sociedade, que nos modelos totalitários é praticamente absoluto, mas não se apresenta tão acentuados nos autoritários. Desse modo, enquanto no primeiro sistema nada existe fora do Estado, nada existe acima do Estado, nada existe opondo-se ao Estado, como nos casos do nazismo, do fascismo e do stalinismo, já nos sistemas autoritários existe certa margem de tolerância, por parte do governo, da ação relativamente independente do Estado por parte de pessoas e entidades, desde que não contestem abertamente as normas estatuídas pelo regime.
Esse foi um caso verificado em Portugal, nos tempos de Salazar: os inimigos que não fossem simpáticos ao governo podiam fazer parte da burocracia governamental, da Universidade e até das Forças Armadas, desde que não se manifestassem e cumprissem rigorosamente os seus deveres, caso em que não eram

A universidade tratada a pão e água. Os cortes de verba e os entraves a seu funcionamento

Outro problema grave que agoniou as instituições brasileiras de ensino superior mais voltadas para a crítica e, portanto, menos propícias ao governo federal e aos diversos governos estaduais, como era o caso da Universidade de São Paulo, foi a escassez de recursos de toda ordem. Contratar novos professores, desejosos de ingressar na carreira, receber especialistas estrangeiros, financiar pesquisas, dar início ou prosseguimento à construção de edifícios adequados a seus cursos, adquirir livros e proceder à assinatura de revistas especializadas e, muitas vezes, simplesmente proceder à sua manutenção, pura e simples, tornou-se tarefa das mais complicadas, em que não poucas vezes os administradores das diversas unidades tiveram que negar o atendimento a um dado setor para conseguir cobrir outro.[54]

Tais acontecimentos devem-se muito não só à má vontade dos dirigentes do Estado, mas também à visão tecnocrática que vinha se instalando no poder e da qual os elementos mais representativos eram os econometristas que ocupavam os Ministérios da Fazenda e do Planejamento, e davam as normas para as Secretarias estaduais. São, em grande parte, as diretrizes emanadas desses elementos que responderam pelas carências das áreas humanísticas das universidades brasileiras e, em especial, da Universidade de São Paulo, que na ocasião, há muito que já era o setor mais destacado de todo ensino superior e pesquisa de ponta, em todo o Brasil, e já estava tomando o aspecto que apresenta na atualidade, o de universidade formadora de universidades.

A contrapartida que o governo oferecia era o favorecimento para a abertura indiscriminada de escolas superiores particulares voltadas para o ensino comercial, quase sempre sem grandes perspectivas sérias, além da simples concessão de diplomas. Um bom exemplo desse fato foi o caso das Faculdades Metropolitanas Unidas, de São Paulo, que acabou sendo uma verdadeira máquina

---

incomodados. Já nos governos totalitários essa restrita margem de liberdade é praticamente nula, em se tratando de setores de projeção, na sociedade e nos serviços, como os cargos burocráticos, universitários e militares. No caso nazista, em que bom número dos oficiais de carreira do Exército era pouco entusiasta do regime, ou até bastante reticente, o governo recorreu às milícias SS, fardados de negro, compostas por membros fanáticos, para exercer a vigilância dos oficiais de carreira, pertencentes à *Wehrmacht*, o exército alemão, de farda verde-oliva. Em sentido contrário pode ser citado o caso português, em que oficiais não-salazaristas e até antisalazaristas faziam parte da carreira, embora não recebessem as promoções e cargos que exigissem fidelidade ao regime.

[54] Esse descaso manifestou-se, muitas vezes, das maneiras mais absurdas, como na exiguidade de verbas que deixavam Departamentos e Institutos carentes até mesmo de giz e outros elementos essenciais, ainda que baratos.

de ganhar dinheiro, tal como ficou comprovado em minuciosa pesquisa realizada por um sociólogo paulista, Carlos Benedito Martins.[55]

A visão tecnocrática da educação repudia o conceito de universidade abrangente

Dois exemplos são bastante eloquentes para a descrição da carência a que foi submetido o ensino superior público por parte dos governos, no âmbito da Faculdade de Filosofia, Letras e Ciências Humanas da Universidade de São Paulo. A *Revista de História*, fundada e dirigida pelo professor Eurípedes Simões de Paula, muitas vezes teve a publicação de seus números financiada em caráter particular – ou seja, ele a pagou de seu bolso – por esse docente, um dos mais ilustres professores do Departamento de História e prudentes administradores que a instituição possuiu, além de contribuições de amigos e colegas.

Ficava, assim, aquela revista, desde o seu primeiro número tão intimamente ligada à Universidade e destinada a publicar os trabalhos e pesquisas na área de História, numa situação ambígua, como se fosse puramente um órgão privado, sob a responsabilidade financeira exclusiva de seus editores.

Era uma situação das mais graves, uma vez que não se concebe um curso superior desprovido de revista científica, elemento essencial para o funcionamento correto das suas tarefas universitárias.

Outro caso típico foi a negativa dos recursos necessários para promover a contratação regular do professor Helmi Mohammed Ibrahim Nasr, criador do curso de Língua, Literatura e Cultura Árabe, da área de Estudos Orientais do Departamento de Letras, que para poder ser remunerado, teve que ser atendido com a verba especialmente destinada à promoção de conferências. Assim, para poder atender a uma reivindicação mais que justa da Faculdade de Filosofia, foi necessário sacrificar outro de seus aspectos mais necessários, a realização regular de conferências.

Quanto à aquisição de livros para o curso de Árabe, que somente pôde ser implementado graças à abnegação do professor Eurípedes e aos extremos esforços pessoais do professor Nasr, foi preciso que esse docente, egípcio de nascimento, recorresse às doações de governos dos países do mundo árabe, a diversas instituições muçulmanas – a sua comunidade religiosa – e também a diversos particulares relacionados com a cultura árabe que, por serem daquela origem, sensibilizaram-se quanto ao atendimento desse campo que iria, tão somente, dar

---

[55] MARTINS, Carlos Benedito. *Ensino pago: um retrato sem retoques*. 2. ed. São Paulo: Cortez, 1988.

maior amplidão ao verdadeiro espírito universitário, ou seja, conceder-lhe maior abrangência. Campo do conhecimento que, aliás, era dos mais legítimos.

No que toca especificamente ao mérito da questão, foi exatamente na Universidade de São Paulo que começou a existir, no Brasil, o estudo de língua, literatura e cultura árabes, e os discípulos formados pelo professor Nasr, com tantas dificuldades, tarefa que realizou com grande brilhantismo, e com o apoio do professor Eurípedes, hoje estão empenhados na criação de cursos similares em outras universidades, como é o caso do professor Joubran Kalil El-Murr, que se dedica, desde a sua aposentadoria na Universidade de São Paulo, a organizar o curso de Árabe na Universidade Federal do Paraná. É um típico exemplo do caso já citado de nossa conceituação da Universidade de São Paulo como formadora de universidades.

Dificuldades semelhantes o professor Eurípedes enfrentou para constituir os demais cursos de Estudos Orientais, que eram de Japonês, Chinês, Russo, Armênio, Hebraico e Sânscrito. Entretanto, pode-se entender uma universidade pública digna de tal nome sem tais cursos?

Para receber recursos e merecer consideração do governo militar e seus delegados no poder público estadual, de nada adiantou ao professor Eurípedes a sua condição de herói de guerra, comandante de uma divisão de morteiros, em que chegou à patente de major da Força Expedicionária Brasileira e distinguiu-se por sua bravura nos campos de combate da Itália, a ponto de merecer citação honrosa do comandante daquela tropa, marechal Mascarenhas de Moraes.

O descaso com o humanismo: o exemplo dos cursos de Estudos Orientais da Universidade de São Paulo

A visão tecnocrática aliava-se, em grande parte, à paranoia anticomunista, para que houvesse na Universidade de São Paulo a grande hostilidade ao desenvolvimento de cursos que, embora fossem dotados dum amplo conteúdo humano, fossem desvinculados das áreas que a tecnocracia encarava como os setores realmente prioritários da formação superior, tais como a de Economia, voltada para a econometria, Administração, ou os distintos ramos da Engenharia. E esse aspecto limitativo ficava bastante acentuado, se a tais preconceitos pudesse ser aliada a mania anticomunista.

Assim, se houve dificuldades como as anteriormente citadas, para o curso de Árabe, no que se relacionava aos cursos de Russo e de Chinês, do mesmo Departamento de Letras da Faculdade de Filosofia, Letras e Ciências Humanas da Universidade de São Paulo, as dificuldades enfrentadas foram ainda maiores, por motivos óbvios. No caso do idioma russo, não se pensou que se tratava da língua em que escreveram Tolstói e Dostoiévski, mas sim, a que veiculava os livros de Lênin, que, aliás, para serem lidos, podiam ser feitos em português, já que há longo tempo abundavam as traduções... Aos olhos dos governantes, todas e quaisquer pesquisas realizadas com relação às culturas russa e chinesa, por definição, deveriam ser altamente subversivas.

Muitos foram, portanto, os problemas com que teve que defrontar-se o responsável pela criação do curso de Russo, professor Bóris Schnaiderman, que sofreu os preconceitos de estilo, apesar de ter sido, tal como o professor Eurípedes Simões de Paula, um herói de guerra, veterano dos combates da Itália, de que participou, inicialmente, como praça, até ser desmobilizado como sargento, portador de condecorações. Esse professor, por sinal, chegou a ser hostilizado em sala de aula, numa ocasião em que tropas policiais invadiram o campus universitário, e teve apontado para o seu rosto o cano de uma metralhadora, de nada lhe adiantando argumentar ao soldado que o ameaçava, ser um suboficial da reserva e, portanto, seu superior, além de um febiano, categoria que sempre mereceu o respeito de todos no meio militar.

Era Bóris Schnaiderman um professor de Russo, e só isso já bastava para açular os ódios policialescos que invadiam o campus sem sequer saber claramente o que estavam fazendo, além das ordens que recebiam de prender os suspeitos, os subversivos e os desordeiros, vasta categoria em que cabiam todos os que eram suspeitos aos governos federal e estadual, ou simplesmente desagradassem ao delegado do Dops ou ainda incorressem na ira dos delatores de plantão.

Era o caso típico temido pelo liberal udenista Milton Campos, que alegava não temer tanto, numa ditadura, a prepotência do ditador, e sim a do guarda noturno ou a do policial de plantão na esquina.

A visão tecnocrática da educação pretendendo liquidar os cursos de caráter humanístico

Outros cursos desse setor do Departamento de Letras – o de Estudos Orientais – igualmente eram encarados como verdadeiras inutilidades por parte de muitos dos detentores do poder e seus prepostos: as aulas de Armênio, Hebraico, Sânscrito, em muitas ocasiões, foram consideradas puros desperdícios de tempo e de dinheiro, "puras perfumarias", como se dizia, em especial se consideradas sob a óptica da tecnocracia, obviamente muito mais voltada para os setores da produção econômica, gerência empresarial e gestão tecnocrática das finanças e da economia nacional.

Havia quem não entendesse o motivo de existir um curso de Sânscrito, por ser uma língua indiana, que já está morta há mais de dois mil anos, sem considerar que se trata de instrumento essencial para os estudos filológicos em alto nível, indispensáveis ao completo conhecimento dos idiomas indo-europeus, como são os casos do Português, do Francês, do Inglês, do Italiano, do Alemão e de outros, tradicionalmente constantes dos cursos regulares das áreas de Letras e Linguística da Universidade de São Paulo.

Igualmente ocorreram casos de má vontade para com os estudos clássicos de Grego e Latim, por serem ambas línguas mortas, tal qual o Sânscrito. Não levavam em conta tais tecnocratas o fato de que além da importância filológica de tais cursos, há, igualmente, a grande importância humanística fornecida por tais estudos, ambas de papel tão essencial às tradições que desde a Renascença caracterizam a cultura ocidental.

Não consideraram, igualmente, que se esses cursos não fossem oferecidos pela universidade pública, não o seriam, jamais, pelas instituições privadas, pois se tratam de conteúdos que, devido à suas próprias condições intrínsecas, a busca da cultura geral e do conhecimento setorizado, específico e desinteressado, não iriam atrair alunos pagantes, em geral interessados em apenas conseguir diplomas que lhe possam dar imediatos retornos financeiros, e nada mais.

Já uma universidade pública, pelo menos no Brasil, é a que está em condições de cobrir os gastos com esse gênero de cursos voltados para a pesquisa desinteressada, que caracterizam o verdadeiro saber universitário, e que sempre acabam por ter utilidade para a criação de pontes destinadas a permitir o entendimento entre setores distintos, porém correlatos. No caso citado, as pontes que tais áreas estabelecem acabam por unir disciplinas como a História, a Sociologia, a Antropologia, a Linguística, a Literatura e a Filosofia.

Mas nada disso, evidentemente, naquele trágico momento histórico, interessava aos tecnocratas e, menos ainda, aos profissionais do anticomunismo.

Capítulo aparte poderia ser escrito a respeito da tentativa feita para fundir num único curso de licenciatura curta os tradicionais cursos plenos de História e Geografia, sob o esdrúxulo modelo denominado Estudos Sociais, invenção da reforma educacional inspirada pelo coronel Jarbas Passarinho, quando ocupava o Ministério da Educação e Cultura, no governo Médici. O plano em questão consistia em formar professores polivalentes, a toque de caixa, por meio da licenciatura curta de três anos, de modo a permitir ao ensino médio uma grande economia de gastos com salários, ainda que tal objetivo deveria ser conseguido à custa da qualidade do ensino que seria ministrado nas escolas secundárias.[56]

A programação apresentada pelo coronel Jarbas Passarinho não foi muito bem sucedida na Universidade de São Paulo, graças à grande resistência que lhe foi oferecida pelos docentes dos Departamentos de História e Geografia, ainda que vingasse nas faculdades particulares, cuja proliferação a política educacional daquele ministro tanto favoreceu, e que acabou ocorrendo da maneira mais indiscriminada e sem grandes critérios de exigência, com os quais gerou os tais cursos de licenciatura curta, todos eles de muito baixa qualidade intelectual, porém da mais alta rentabilidade financeira para as empresas educacionais que aceitaram essa proposta. Evidentemente, todos os esforços das faculdades particulares nesse sentido se devem aos desejos de cumprir as determinações do governo, que dispunha do poder de reconhecimento oficial das entidades universitárias interessadas, e igualmente, aos lucros que garantiriam a seus empresários.

Quanto a esse curso, que visava ministrar rudimentos de História e Geografia, sem qualquer conteúdo crítico, foi total a repulsa dos historiadores e dos geógrafos de peso, como a maioria dos que permaneceram nos cursos da Universidade de São Paulo, após as cassações. Numa conceituação que foi das mais felizes, o professor Eduardo d'Oliveira França, catedrático de História Moderna e Contemporânea da Faculdade de Filosofia, denominou tal aberração dita educacional como constituindo uma verdadeira sopa pedagógica, composta por nacos de História, fatias de Geografia, pitadas de Sociologia, cozida ao fogo rápido da licenciatura curta.

Tal política foi, naquele momento, amplamente favorecida pelo grupo intitulado FMU-Faculdades Metropolitanas Unidas, pertencentes ao advogado e empresário universitário Adevaldo Alves da Silva.[57]

---

[56] A instituição do professor polivalente de Estudos Sociais foi o fruto duma improvisação que partiu duma atitude que não ultrapassava o âmbito pedagógico, sem que se tornasse jamais uma área acadêmica. Tratava-se de entender a possibilidade de existência de uma área comum, formada pelas aulas de História e Geografia, que deveriam funcionar integradamente, em termos de programas e estratégias didáticas, mas não pela fusão arbitrária de ambas as disciplinas. Mas o plano atendia aos objetivos do governo federal, a diminuição de gastos com a contratação de um único professor para ambas as disciplinas, ainda que pouco qualificados intelectual e didaticamente, e, ao mesmo tempo, à maior facilidade para imposição de programas laudatórios ao governo.
Além desses aspectos, há que ser considerado que a criação dos cursos de Estudos Sociais pretendia solucionar o problema dos excedentes – os vestibulandos aprovados no vestibular habilitatório, por haverem satisfeito os critérios mínimos fixados para a habilitação de ingresso na universidade, mas que não haviam obtido vagas –, uma vez que esses elementos descontentes iriam cursar as inúmeras faculdades particulares, que estavam sendo criadas a toque de caixa. Eram essas as entidades que mantinham os tais cursos de Estudos Sociais. A solução em pauta, evidentemente, foi apenas um recurso cosmético, a maquiagem do problema, dando-lhe um sucedâneo igual apenas nominalmente, mas dotado de iguais direitos.
[57] O empresário Adevaldo Alves da Silva sempre foi ligado ao governo militar, e quando se aproximou a liberalização do regime, estreitou sua aproximação com o político paulista Paulo Salim Maluf, de quem

É evidente que esse não foi o único caso de favorecimento do ensino particular de qualidade discutível por parte do Ministério da Educação e Cultura e do Conselho Federal de Educação, mas julgamos apropriado citar o seu exemplo como um dos mais representativos ocorridos naquele momento específico.

Posteriormente, já na assim chamada Nova República, outros grupos econômicos haveriam de se favorecer amplamente com sua cumplicidade com a politica dita educacional do governo que se sucedeu à ditadura.

O *affaire* França: o diretor da Faculdade de Filosofia foi afastado por recusar-se a fazer delações

Em 1973 foi escolhido para ser o diretor da Faculdade de Filosofia, Letras e Ciências Humanas da Universidade de São Paulo o professor Eduardo d'Oliveira França, catedrático de História Moderna e Contemporânea e um dos mais respeitados e eruditos docentes do Departamento de História, do qual havia sido chefe, pouco tempo antes. O professor França estava entre os primeiros diplomados em História e Geografia, curso em que ingressou logo depois que a Universidade de São Paulo foi fundada. Esse curso o professor realizou após bacharelar-se pela Faculdade de Direito, agindo tal como o fizeram então vários jovens diplomados por aquela instituição, atraído pelos novos cursos.[58]

Pouco tempo após iniciar a sua gestão, o professor França foi coagido a deixar o cargo, sem que fosse dada à comunidade universitária qualquer explicação. Sendo um homem de natureza reservada, o professor França não fez comentários a respeito, mas as notícias que circulavam eram que ele havia expulsado de seu gabinete de diretor, extremamente indignado, alguns agentes de segurança que foram exigir que a Diretoria lhes fornecesse nomes dos assim denominados elementos subversivos entre os alunos e professores daquela unidade. Sua exclusão da Diretoria era o preço de sua dignidade.

O professor França jamais foi marxista ou apresentou qualquer tintura esquerdista; sempre foi, mesmo, considerado um conservador e estritamente legalista, que jamais deixava de agir de acordo com o regulamento. Popularmente, os alunos, com certa irreverência, diziam ser ele "o marechal Lott do Depar-

---

foi advogado e íntimo colaborador, ocupando altos cargos na administração malufista da Prefeitura de São Paulo.

[58] Entre os jovens bacharéis em Direito que na década de 1930 ingressaram na Faculdade de Filosofia, Ciências e Letras podem ser contados, além do professor Eduardo D'Oliveira França, os professores Eurípedes Simões de Paula, Antonio Candido de Mello e Souza e Raul de Andrada e Silva, este último também da cadeira de História.

tamento de História", por seu grande apego ao texto da lei e aos regulamentos. Entretanto, a formação liberal do professor França, ao lado de sua extrema dignidade pessoal, jamais poderia aceitar ouvir uma proposta tão indecente como a que, segundo comentava-se, foram levadas a ele pelos policiais, a de prestar-se para delatar colegas, alunos e funcionários.

Outro fato que teria contribuído para seu alijamento do cargo teria sido a sua concordância com relação à proposta de que a aula inaugural do ano letivo de 1974 fosse proferida pelo professor Florestan Fernandes. Alegou-se que o professor França não opôs qualquer óbice para esse convite, considerando que o docente convidado era um catedrático da Universidade de São Paulo, ainda que tivesse sido punido com uma aposentadoria forçada, mas que não podia ter sua condição de catedrático posta em dúvida, uma vez que se tratava de título vitalício, sendo ele, tal como o próprio professor França, um dos últimos membros da instituição que gozavam desse status.

Quanto ao desempenho do professor França, em sala de aula ou no tocante à contratação de professores, é de se ressaltar que jamais exerceu censura ideológica ou exigiu de alunos ou colegas a ele subordinados que rezassem por sua cartilha. Dizia sempre, alto e bom som, que jamais se deixava levar por considerações sobre ser ou não marxista o seu interlocutor, colega, subordinado ou aluno, uma vez que sua consciência liberal exigia que respeitasse o direito de quem quer que fosse ser marxista, ou o que bem entendesse. Suas exigências eram muito mais elevadas: fazia questão de altas qualidades intelectuais, mas nunca de que houvesse a identidade ideológica do próximo com as suas opiniões.

A exclusão brutal do professor Eduardo d'Oliveira França foi muito comentada e condenada pela comunidade universitária, pela sua evidente condição de ato de força.

Para substituir o professor França foi escolhido o "bombeiro" da Universidade de São Paulo, o professor Eurípedes Simões de Paula, homem de extrema habilidade política, ao lado de honorabilidade pessoal a toda prova e que, com a sua condição de herói de guerra, conseguia impor-se aos elementos da ditadura. Embora igualmente indignado com as solicitações de delações aos órgãos da polícia política, que, igualmente, muito o importunaram, o professor Eurípedes agia com maior habilidade que a de seu antecessor, sabendo esquivar-se, sem comprometer ninguém ou a si próprio, de modo que foi possível a sua permanência no cargo por todo o período necessário para completar a gestão do professor França, tão brutalmente interrompida.

Pouco tempo depois de seu acesso a esse cargo, o professor Eurípedes Simões de Paula teve a oportunidade de auxiliar vários alunos da Faculdade de Filosofia que se encontravam procurados pelo DOI-Codi, foragidos ou encarcerados. No ano de 1974 Armando Falcão, ministro da Justiça do presidente

Geisel, deu início à perseguição dos membros do Partido Comunista Brasileiro e foi inestimável a ajuda desse digníssimo professor aos atingidos, providenciando o mais amplo acesso aos arquivos da Faculdade aos advogados que, nessa ocasião, mais se distinguiam, em São Paulo, na defesa de perseguidos políticos, Luís Eduardo Greenhalgh, Airton Soares e Idibal Pivetta.

O assassinato de presos políticos chega à universidade: Vanucchi Leme e Wladimir Herzog

No final do governo Médici ocorreu a morte de um estudante da Universidade de São Paulo, acusado de participar de uma das organizações guerrilheiras em ação no país, a Aliança Libertadora Nacional. Embora fosse difícil entender como poderia uma pessoa, ao mesmo tempo, militar em entidade guerrilheira e participar regularmente de curso universitário, os policiais do DOI-Codi encarceraram o jovem Alexandre Vanucchi Leme, um estudante de Geologia, com a finalidade de obter informações que pudessem levá-los aos guerrilheiros, uma vez que suspeitavam de que era ligado ao grupo do capitão Carlos Lamarca. Como nada puderam apurar desse prisioneiro, exageraram nos métodos utilizados no interrogatório e Vanucchi Leme acabou morrendo sob torturas, no dia 17 de março de 1973.

Simulou-se, então, um acidente. A sua morte teria ocorrido por atropelamento, quando estaria fugindo dos policiais, por ocasião da transferência de um presídio para outro, num momento em que teria conseguido escapar das mãos de seus captores. De acordo com o laudo pericial assinado pelos médicos Isaac Abramovitc e Orlando José Bastos Brandão e reproduzido pelo dossiê *Brasil: nunca mais*, "teria se atirado sob um veículo, sofrendo contusão na cabeça". O mesmo legista Isaac Abramovitc e mais seu colega Paulo Augusto de Queiroz Rocha assinaram o laudo referente à morte de Carlos Nicolau Danieli, a quem foi atribuída a versão de vitimado por tiroteio, ao resistir à prisão.[59]

Essa versão não convenceu, ainda que pouco pudesse ser feito, efetivamente, em protesto contra a violência policial, uma vez que a censura de imprensa prosseguia e o arrocho dos tiras do Dops e do DOI-Codi intimidavam ainda muita gente.

O período Geisel iniciou-se com a promessa de que o país iria passar por um período de distensão política, o que significava o abrandamento do regime. As eleições legislativas de 1974 levaram à incontestável vitória do MDB, o par-

---

[59] COMISSÃO JUSTIÇA E PAZ da CÚRIA METROPOLITANA de SÃO PAULO – *Brasil: nunca mais*. 8. ed. Petrópolis: Vozes, 1985, p. 235.

tido da oposição, nos principais Estados brasileiros e assim, o projeto governamental de distensão teve que levar em conta esse novo dado.

Entretanto, a violência policial não estava de todo afastada, e a vítima mais notória foi o jornalista da TV Cultura paulista e professor da Escola de Comunicações e Artes da Universidade de São Paulo, Wladimir Herzog, nas masmorras do DOI-Codi de São Paulo, sob acusação de ser membro do Partido Comunista Brasileiro. Todas as organizações clandestinas voltadas para a luta armada já haviam sido desmanteladas e seus membros presos, mortos ou exilados, de modo que a repressão governamental voltou-se contra o PCB, entidade que até aquele momento não havia conhecido grandes perseguições.

A repressão precisava continuar a ser justificada, até mesmo porque era muito grande a verba a ela destinada.

O início dessa caça aos comunistas foi deflagrado pelo ministro da Justiça do general Geisel, o antigo deputado Armando Falcão, que nos tempos de Juscelino já havia ocupado a mesma pasta. Falcão falou em rede nacional de televisão, acusando os comunistas de estarem desenvolvendo as suas atividades subversivas e em pouco tempo as prisões ficaram lotadas de acusados de pertencerem àquela entidade.

Um dos primeiros presos a morrer nas dependências do DOI-Codi paulista em virtude da repressão aos acusados de pertencer ao Partido Comunista Brasileiro foi o tenente da Polícia Militar José Ferreira de Almeida, a 12 de agosto de 1975, pouco antes da prisão de Herzog. Seu laudo cadavérico foi redigido e assinado por Marcos de Almeida e Harry Shibata, sendo que este último seria também um dos signatários do laudo referente a Herzog. Segundo o laudo, o tenente Ferreira de Almeida morreu por "asfixia por constrição do pescoço", ou seja, suicídio por enforcamento.[60]

Completo silêncio foi mantido sobre o assassinato do tenente Ferreira por parte da Polícia Militar, embora, com toda a experiência da corporação, não tivessem seus comandantes o menor motivo para acreditar na versão do suicídio.

Wladimir Herzog foi preso após ter sido publicamente delatado por um colega de profissão, o jornalista político Cláudio Marques, personagem que jamais escondeu sua professada filiação direitista[61], em outubro de 1975. Seu argumento foi público, veiculado por um semanário pouco dado às atividades de apoio direto e franco à ditadura, ainda que não fosse absolutamente um órgão de contestação, o *Shopping News*. Nesse jornal, em que mantinha uma coluna

---

[60] Idem.

[61] Cláudio Marques, por sinal, pouco aproveitou de seu ato abjeto de delação. Colocado no *index* jornalístico e repudiado pelos colegas, ele passou a escrever como escritor-fantasma ou publicando sob pseudônimo.

dominical de comentários políticos, Cláudio Marques dizia que não tinha cabimento o Estado manter, como seu funcionário, o comunista Wladimir Herzog. Citou outros nomes, ainda, como o do jornalista Paulo Markun.

O delatado, além de professor de uma universidade pública, era membro do corpo jornalístico da televisão educativa do Estado, a TV Cultura, e foi exatamente esse fato que provocou a ira de Cláudio Marques. Graças a essa delação, o DOI-Codi decidiu-se pela prisão de Herzog.

Wlado, como era conhecido entre os colegas, foi, assim, intimado a comparecer ao DOI-Codi e, pouco tempo depois, aquela entidade repressiva emitiu um evasivo comunicado, alegando que o jornalista que estava sob custódia, nas suas dependências, havia cometido o suicídio por enforcamento. A versão policial-militar não convenceu a ninguém e o protesto foi dos mais enérgicos, não só da comunidade universitária, como de muitas entidades da sociedade civil, incluindo três importantes credos religiosos, o católico romano, o israelita e o presbiteriano. Mais uma vez, o médico legista Harry Shibata assinou o laudo cadavérico.

Esse protesto foi diretamente capitaneado por três prestigiosos líderes religiosos, que realizaram na Catedral de São Paulo uma cerimônia ecumênica, pois Herzog era judeu. Oficiaram a cerimônia fúnebre – extremamente prestigiada pelo comparecimento em massa dos elementos descontentes com o regime – o cardeal de São Paulo, d. Paulo Evaristo Arns, o então jovem e recém-chegado ao Brasil rabino Henri Sobel, que, todavia, já era muito ligado à Universidade de São Paulo, em nome da comunidade judaica, e o reverendo Jaime Wright, um pastor presbiteriano de tendência ecumênica e extremamente empenhado na defesa dos direitos humanos, que, aliás, tivera um irmão desaparecido, logo nos inícios dos tempos de Geisel, bem num momento em que o novo governo ainda não estava senhor de toda a situação e os setores mais vinculados à tortura dispunham de poder suficiente para julgar que poderiam agir com a mesma impunidade de que dispunham nos tempos de Médici.

A morte de Wlado Herzog teve uma repercussão das mais amplas, uma vez que não somente os citados líderes religiosos protestaram energicamente, mas também diversas entidades da sociedade civil, como o Sindicato dos Jornalistas a que era filiada a vítima, liderado por seu enérgico presidente Audálio Dantas, e muitas outras entidades. Pode-se dizer, mesmo, que essa morte foi o ponto de partida para que a sociedade brasileira desse início ao repúdio ativo à ditadura. Pouco depois do grande protesto causado pelo assassinato de Wlado, o delator Cláudio Marques foi expulso do quadro social do Sindicato dos Jornalistas do estado de São Paulo, por decisão unânime dos presentes à sessão expressamente convocada.

Com a revolta causada pela morte de Herzog, amplamente divulgada na imprensa, o comandante do II Exército, ao qual estava subordinado os órgãos repressivos paulistas, general Ednardo D'Ávila Melo, ficou sob observação, por parte do governo Geisel, após receber uma severa repreensão presidencial, numa curta audiência a que foi chamado a Brasília, que durou curtos minutos, e que ouviu de pé e em posição de sentido, sendo a seguir dispensado.

O assassinato do operário Manuel Fiel Filho, pouco depois, em condições muito semelhantes, fez com que Geisel retirasse aquele militar do comando das tropas aquarteladas em São Paulo, substituindo-o por um oficial dos mais ponderados, o general Dilermando Gomes Monteiro, que logrou conter os excessos da direita extremada e, de certa forma, pacificar os ânimos.

O general Ednardo D'Ávila Melo, totalmente desprestigiado, sentiu-se compelido a solicitar sua transferência para a reserva, deixando assim o cenário político.

Quanto ao assassinato de Fiel, os órgãos repressivos não se animaram a encenar a comédia do suicídio, tal como haviam feito no caso de Herzog. A manobra tentada no episódio do jornalista e professor primou pela falta de habilidade e primarismo, de modo que não convenceu a ninguém. Herzog teria se enforcado com o cinto, de acordo com a foto divulgada pela perícia médico-legal e pelo comando do II Exército. Sucede que o cinto era peça ausente do macacão usado pelos presos do DOI-Codi. Os prisioneiros daquele órgão, na ocasião, usavam o macacão sem cinto, e também tinham que entregar os cordões dos calçados, uma vez que com essas peças também é possível praticar o suicídio por estrangulamento.

Trata-se de normas de carceragem praticamente universais, por questão de segurança dos detidos: ausência de cintos, gravatas e cordões de sapatos.

Outra evidência da falsidade da alegação dos torturadores está no fato de que o corpo de Wlado estava pendurado na janela de sua cela, em altura mais que insuficiente para que pudesse praticar o suicídio nas condições divulgadas pela perícia policial.

Por isso, não foi possível aos torturadores colocar novamente em prática a farsa do suicídio, limitando-se o texto do comunicado oficial a dar conta de que havia sido encontrado morto naquela dependência o prisioneiro Manuel Fiel Filho, sem especificar a *causa mortis*.

Essas mortes tiveram repercussão das maiores, de modo que serviram para auxiliar o presidente Geisel nos esforços que vinha desenvolvendo para conter a direita extremada, que não era do seu agrado, apesar de ser ele um homem de personalidade autoritária. Com os escândalos decorrentes desses dois atos, tornou-se mais difícil matar impunemente, como já havia ocorrido com tantas pessoas anteriormente, como está estudado no dossiê intitulado *Brasil, nunca mais*, organizado pela Cúria Metropolitana de São Paulo, com a mais ampla assistência do cardeal-arcebispo de São Paulo, d. Paulo Evaristo Arns, e de juristas como Dalmo de Abreu Dallari, professor da Faculdade de Direito, e o procurador da Justiça Hélio Bicudo.

De certo modo, é possível dizer que foi com esses trágicos acontecimentos que a Universidade de São Paulo começou a reagir contra as imposições vindas de fora de seu próprio ambiente, ainda que não fosse possível falar em total liberdade de ação. Entretanto, era já um começo de reação contra o governo militar, que ocorria juntamente com medidas de igual caráter que vinham sendo tomadas por outros setores da sociedade civil, como a Ordem dos Advogados do Brasil, a Associação Brasileira de Imprensa, a Sociedade Brasileira para o Progresso da Ciência e outras, que abriram espaço para outro importante foco de reação civil à ditadura, o novo sindicalismo que em breve começou a desenvolver-se na região paulista do ABC e que possibilitou o surgimento de novos líderes sindicais, dentre os quais despontou Luís Inácio da Silva, o Lula, do Sindicato dos Metalúrgicos de São Bernardo e Diadema.

Capítulo 2

Um campo difícil de estudar: os obstáculos e zonas cinzentas para a análise das consequências das perseguições políticas no ambiente da Universidade de São Paulo

Muitos foram os problemas oferecidos ao nosso trabalho, para a realização das pesquisas, relacionadas ao contato direto com os atingidos pelas aposentadorias forçadas na antiga Faculdade de Filosofia, Ciências e Letras da Universidade de São Paulo, bem como nos casos em que os trabalhos exigiram que fossem estendidas ao âmbito das demais unidades universitárias hoje existentes. Assim foi, porque alguns dos Institutos e Faculdades atualmente autônomos fizeram parte da Faculdade de Filosofia, Ciências e Letras de antes da reforma universitária de 1968, como são os casos dos Institutos de Física, de Química, de Matemática e Estatística, de Geociências e de Biologia e da Faculdade de Educação, exigindo que a pesquisa se fizesse sobre o seu material.

Além disso, boa parte dos acontecimentos mais importantes da época ainda não são conhecidos em seus pormenores, no que toca às medidas de represálias que foram tomadas pela direita vencedora contra os inimigos derrotados de 1964. Há que ser levado em conta que uma parte bem significativa dos motivos que resultaram nos diversos atos punitivos, ou em discriminação arbitrária, não tem registro escrito, foram decisões tomadas geralmente entre quatro paredes e aplicadas discricionariamente, ao alvitre dos ocupantes do poder e dos órgãos policiais, como fica muito evidenciado pelo depoimento do professor Antonio Candido de Mello e Souza, exposto mais adiante.

Sabe-se, ainda, que muitas medidas punitivas foram tomadas por iniciativa da junta militar que governou de fato por trás de Ranieri Mazzilli, o presidente da Câmara de Deputados em exercício da Presidência da República, de acordo com as determinações constitucionais, uma vez que o país até então havia sido governado por um presidente que havia chegado ao poder por meio da renúncia anterior, pois havia sido eleito para a Vice-Presidência. Mazzilli, nesse momento, não era mais que um fantoche dos integrantes da junta e esses, por critérios que eram totalmente pessoais, tomaram a iniciativa de cassar mandatos e direitos políticos de cidadãos situados nas mais diversas esferas da vida nacional com base tão somente em suas decisões.

A junta militar em questão foi presidida de fato pelo general Arthur da Costa e Silva, que unilateralmente tomou posse no Ministério da Guerra, e criando uma situação de fato, impondo-se ao sucessor de Jango, designado pelo Congresso depurado pelas cassações: pelo almirante Augusto Rademaker, que tornou-se ministro da Marinha e que no período Médici seria o vice-presidente da República, e o brigadeiro-do-ar Márcio de Souza e Mello, futuro ministro da Aeronáutica do governo Médici.

Os novos ocupantes do poder editaram ainda o primeiro Ato Institucional, que não recebeu número, uma vez que não se esperava que se fizessem necessárias outras medidas dessa espécie. Assim, o primeiro presidente militar, o Marechal Castelo Branco, ao assumir, encontrou uma série de fatos consumados, a eliminação da vida política de um bom número de elementos, e em virtude do próprio andamento que os fatos então conheceram, não teve condições de interferir em tal processo, fazendo valer a sua vontade para com os que já haviam sido punidos, nos casos em que, hipoteticamente, pudesse ser de seu interesse proceder a reabilitações.

Boa parte dessas dificuldades resultou da censura de imprensa, nem sempre passível de ser suficientemente esclarecida *a posteriori*, e da qual um bom indício são as páginas dos jornais *O Estado de S.Paulo*, publicando poesia de Camões na seção de editoriais e até no noticiário esportivo, e do *Jornal da Tarde*, transcrevendo receitas culinárias que muitas vezes não tinham sequer um sentido lógico porque estavam truncadas. Nesse ponto, era claro o distanciamento dos editores desses órgãos da alegria com que escreveram, já no dia 2 de abril, que a vitória de 1964 era "o esmagamento, e desta vez definitivo, do Estado Novo", num flagrante exagero, comparando Jango com o Getúlio de 1937-1945, pois teria sido a ação "contra os desmandos do homem de São Borja".[1]

Daí havermos recorrido principalmente a dois tipos de documentos acessíveis, as atas de reuniões da Congregação da Faculdade de Filosofia, Ciências e Letras da Universidade de São Paulo no período compreendido entre a eclosão do Golpe, realizadas já nos meados de 1964 e as que se seguiram às aposentadorias forçadas de professores, em 1968 e 1969; bem como a *O Livro Negro da USP*, publicação feita em 1979, sobre depoimentos de professores, diretores e reitores da Universidade, tomados a partir de 1977, já no decorrer do governo Geisel.

---

[1] BENEVIDES, Maria Victoria de Mesquita. *A UDN e o udenismo. Ambiguidades do liberalismo brasileiro. (1945-1965)*. Rio de Janeiro: Paz e Terra, 1981, v. 51. (Estudos Brasileiros).

O temor da repressão na linguagem seca das atas de reuniões da Congregação

Já na ata de reunião da Congregação da Faculdade de Filosofia, Ciências e Letras da Universidade de São Paulo realizada a 22 de abril de 1964 – menos de um mês do triunfo do Golpe, portanto – se faziam presentes os temores, no que tocava à incerteza sobre os rumos que os acontecimentos iriam tomar. Ainda não se podia dizer, com clareza e objetividade, que o regime militar seria tão duradouro, mesmo porque as proclamações dos vencedores afirmavam que o principal objetivo do Golpe era garantir a ordem democrática, de modo que apesar do evidente contrassenso de que se fizesse essa garantia por meio da violação da lei, havia ainda quem acreditasse que em breve voltariam os militares para as suas tarefas rotineiras, recolhendo-se aos quartéis e restabelecendo uma democracia de figurino burguês liberal.

Outros observadores podiam não apresentar essa mesma fé, mas achavam que a intervenção haveria de seguir os moldes das anteriores, que pouco duraram – com exceção do Estado Novo – e que foram seguidas de breve retorno aos modelos constitucionais.

Nesse momento vigia ainda a Constituição de 1946 e a maior parte da opinião pública achava que ela seria respeitada, no ponto que toca ao governo nacional, esperando-se então que houvesse o breve retorno da normalidade democrática ou que, pelo menos, o presidente Castelo Branco, recém-eleito pelo Congresso e empossado, se limitasse a cumprir o restante do período de mandato de Jango e convocasse regularmente as eleições, que estavam previstas para 1965 e que já apresentavam dois candidatos confirmados, Carlos Lacerda, pela UDN, e Juscelino Kubitschek, pelo PSD.

A incerteza quanto ao futuro: conveniência ou não de realização de concursos previstos

Uma questão dominou a primeira reunião da Congregação da Faculdade de Filosofia, Ciências e Letras da Universidade de São Paulo, já nas primeiras semanas da ocorrência do Golpe, presidida pelo seu diretor, professor Mário Guimarães Ferri, um elemento politicamente conservador e favorável ao Golpe Militar. Tratava-se da independência da Faculdade em realizar os seus concursos de cátedra e de livre-docência, sem ter que prestar satisfações ao governo ou a órgãos policiais. E esse assunto não era uma preocupação gratuita, uma vez que já eram correntes as notícias veladas de que existiam em elaboração várias listas de professores suspeitos de serem subversivos, que seriam enviadas à polícia política.

Essas listas, apesar de terem sido organizadas em aparente sigilo, em breve seriam assunto dos jornais, publicadas inicialmente pelo jornal *Correio da Manhã*, do Rio de Janeiro, a 9 de outubro de 1964.[2]

Logo após a discussão dos assuntos em pauta, houve o pronunciamento do professor Eduardo d'Oliveira França, catedrático de História Moderna e Contemporânea, que após expor uma sumária descrição da situação política vigente no país, deixou claro que "a situação é de incerteza e de restrições à liberdade de pensamento", nos termos desse documento, que não destacou qual foi a sua exposição quanto à situação nacional, por tratar-se de conteúdo de ata, que é sempre texto bastante resumido e que nem sempre espelha, com fidelidade total, o andamento dos debates.[3]

Destacou o professor França, todavia, que "a Faculdade, coerente com seus princípios e responsabilidades, deve manter uma linha de atuação sobranceira e enérgica", porque estava "pensando em alguns professores e assistentes", sobre os quais já se volta a atuação dos poderes públicos". Enfatizou ainda que não estava criticando "a atuação do Estado", mas ao mesmo tempo, afirmou que todos os presentes, como membros responsáveis da comunidade universitária que eram, deveriam, cuidadosamente, "pensar em nosso procedimento, pois estamos com vários concursos programados para as cátedras e livre-docências", porque "alguns dos candidatos, contando com a ampla liberdade de pensamento que sempre tiveram, poderão ter tomado posições filosóficas e apresentado trabalhos que, no momento, sentir-se-ão impossibilitados de defender e de comparecer às provas.[4]

O momento era difícil, uma vez que a apresentação de teses para o concurso de cátedra e a obtenção do título de livre-docente – ritual corriqueiro da vida universitária, em se tratando de tempos de normalidade democrática – poderiam ser a oportunidade para os delatores vingarem-se de seus desafetos pessoais, fazerem prevalecer as suas opiniões políticas ou, simplesmente, bajular os militares no poder. Acresce a gravidade daquele momento o fato de que ainda vigorava o

---

[2] Adusp – *Adusp – Associação de Docentes da Universidade de São Paulo. O Livro Negro da USP. O controle ideológico na Universidade*, organizado por Modesto CARVALHOSA, et. al. 2. ed. São Paulo: Brasiliense, 1979, p. 19.

[3] FRANÇA, *Ata da reunião da Congregação da Faculdade de Filosofia, Ciências e Letras da Universidade de São Paulo*, 22 de abril de 1964, p. 54.

[4] Intercalação nossa. FRANÇA, *Ata da reunião da Congregação da Faculdade de Filosofia, Ciências e Letras da Universidade de São Paulo*, 22 de abril de 1964, p. 54.

regime de cátedra, e esse posto era extremamente cobiçado pelo prestígio social, pelos poderes e privilégios que concedia, de modo que os candidatos que mantivessem opiniões políticas e pontos de vista contrários aos novos governantes estariam seriamente visados por invejosos e inimigos.

Indagou então da conveniência de tais concursos serem adiados, alegando estar pensando no interesse dos candidatos que estariam se sentindo constrangidos. O professor França lembrou, ainda, o fato de estar suspensa a vitaliciedade de cátedra, motivo pelo qual "não podemos oferecê-la, quando esta não é reconhecida pelas autoridades". Desse modo, sugeriu que se determinasse ao Conselho Técnico-Administrativo que estudasse os aspectos legais para a suspensão dos concursos e que se consultassem os candidatos que já tivessem prontas suas teses, "para ver se há interesse para a Faculdade em suspender esses concursos enquanto perdurar esta situação de insegurança".[5]

O temor do professor França, portanto, era contra a intervenção de elementos estranhos nos concursos regulares da Universidade, assim como tudo indica que estivesse também temeroso da possível ação de elementos da própria instituição que se deixassem levar pelo desejo de aproveitar-se do momento ou que pudessem querer bajular os militares. Cumpre notar, ainda, que o governador de Estado era Adhemar de Barros, um dos golpistas e que, sempre que teve oportunidade, procurou interferir na escolha de catedráticos, por não respeitar, absolutamente, a autonomia universitária. O professor França, apesar de ser politicamente conservador, era intransigente na defesa da autonomia universitária e fiel aos seus princípios liberais, ao direito de liberdade de expressão e de opinião, além de completamente infenso à bajulação do poder e homem de honestidade inatacável.

Em continuidade à fala do professor França, ocorreu o pronunciamento do professor Florestan Fernandes, que concordou quanto aos cuidados que se faziam urgentes, dizendo que naquele momento era necessário que a Faculdade de Filosofia agisse "com grande responsabilidade para resguardar um patrimônio intelectual que levou vários anos para ser construído, e não colocá-lo em jogo numa situação transitória". Entendia, ainda, que não era possível àquela assembleia "pensar em termos de unilateralidade", uma vez que "uma universidade deve conter a maior diversidade, para o bem do seu desenvolvimento".[6]

Ainda que as declarações do professor Florestan Fernandes tivessem sido otimistas no que tocava à duração do regime que estava acabando de ser ins-

---

[5] FRANÇA, *Ata da reunião da Congregação da Faculdade de Filosofia, Ciências e Letras da Universidade de São Paulo*, 22 de abril de 1964, p. 54.

[6] FERNANDES, *Ata da reunião da Congregação da Faculdade de Filosofia, Ciências e Letras da Universidade de São Paulo*, 22 de abril de 1964, p. 54.

talado – ele considerou a situação transitória –, foi, entretanto mais realista no que tocava à defesa do patrimônio cultural da Universidade. Mesmo aceitando a hipótese da transitoriedade do Golpe de 1964, era possível que o momento servisse para ingresso de elementos pouco qualificados ou que se prevalecessem de ligações políticas com a situação vigente. Daí seu cuidado com o resguardo do patrimônio intelectual da instituição e o respeito às posições de diversidade intelectual que caracterizavam os seus vários componentes.

Sua fala enfatiza, ainda, o respeito que tinha pela pluralidade democrática no tocante às posições políticas e filosóficas diferentes, não aceitando nunca os expurgos e perseguições de elementos que tivessem opiniões distintas da sua.

Entretanto, apesar do caráter reservado que a perseguição ainda manifestava, nos inícios dos regimes, Florestan Fernandes já possuía informações sobre a existência de listas de pessoas que podiam ser apontadas como inimigas do novo governo, e condenou expressamente esse procedimento. Com a publicação de tais listas pelo jornal carioca *Correio da Manhã*, ficou evidente que ele estava falando com razões bem sólidas.

No que tocava aos concursos, discordou, em princípio, da sugestão do professor França, por entender que seria "melhor a Faculdade enfrentar a situação em nível elevado, do que ceder à situação do momento", mas que, entretanto, devido a outros aspectos da questão, concordava com as palavras do professor França. Quais poderiam ser esses aspectos relativos ao assunto, não foram expostos na ata, pela brevidade do texto.[7]

Houve o pronunciamento de um professor claramente conservador, Roque Spencer Maciel de Barros, da Cadeira de Pedagogia, que futuramente iria ser convidado para participar da Comissão de Reforma Universitária. Esse docente entendeu ser necessário entrar em contato com o reitor – que era Gama e Silva –, para saber "o que há de verídico sobre a Faculdade", pois ele não via "razão para tomarmos atitudes que não sejam em face de fatos concretos".[8]

Com o professor Roque Spencer concordou outro docente, Crodowaldo Pavan, do curso de Biologia, que julgou na oportunidade ser mais proveitoso agir com cautela, "aguardando os acontecimentos, para que nenhuma atitude da Faculdade seja tomada como incriminação".[9]

Seu temor, conclui-se, era que a atitude sugerida de suspender os concursos acabasse por lançar a suspeita sobre os concorrentes, que poderiam ser

---

[7] Idem.
[8] BARROS, *Ata da reunião da Congregação da Faculdade de Filosofia, Ciências e Letras da Universidade de São Paulo*, 22 de abril de 1964, p. 54.
[9] PAVAN, *Ata da reunião da Congregação da Faculdade de Filosofia, Ciências e Letras da Universidade de São Paulo*, 22 de abril de 1964, p. 54-54v.

investigados pelos órgãos policiais. A Faculdade, se procedesse à suspensão, estaria então dando a oportunidade para que os organismos de repressão tivessem assunto para investigar, por terem chamado atenção sobre os professores de tendência esquerdista.

Reafirmação de um manifesto democrático, cujos termos primavam pela mais extrema generalidade

Ainda na reunião de 22 de abril de 1964 houve uma proposta feita pelo professor Aroldo de Azevedo, da cadeira de Geografia, de que constasse da ata o texto do manifesto dos professores da Faculdade, que havia sido recentemente divulgado pelos jornais, escrito em termos bastante vagos, mas que reafirmava a defesa dos princípios democráticos.

"Reafirmando sua posição de defesa dos princípios contidos em manifesto que recentemente divulgaram os professores da Faculdade de Filosofia, Ciências e Letras da Universidade de São Paulo, [...] desejam tornar pública, novamente, sua crença nos ideais de uma verdadeira Democracia, que se caracteriza, sobretudo, pela garantia das liberdades humanas, dentre as quais se destaca a liberdade de expressão de pensamento, na cátedra e na imprensa", é o início do texto. "A garantia dessa e demais liberdades, longe de enfraquecer o regime democrático, robustece-o, pois é, justamente, essa garantia de liberdade o que caracteriza a Democracia como o melhor regime, aquele sob o qual desejamos viver". É o prosseguimento desse documento genérico. "Mas que essa liberdade não signifique a destruição dela própria, através de extremismos que não a concebem e a sufocam", é o que afirma o texto em questão, exortando a que "essa Democracia seja exercida não em proveito de alguns, mas pelo bem-estar de toda a coletividade".[10]

Quanto ao objetivo de que se tenha uma verdadeira democracia, o texto do manifesto é bastante vago, tal como o é nos tópicos já apresentados acima: "Os professores da Faculdade de Filosofia, Ciências e Letras repudiam, com veemência, qualquer forma de ideologia que possa acarretar o sacrifício ou a extinção dessa liberdade e dessa Democracia", uma vez que "constituem ambas um patrimônio inalienável, que os brasileiros herdaram de seus maiores, e tudo devem fazer para transmitir às gerações vindouras [...]".[11]

---

[10] AZEVEDO, *Ata da reunião da Congregação da Faculdade de Filosofia, Ciências e Letras da Universidade de São Paulo,* 22 de abril de 1964, p. 54v.

[11] Idem.

Os termos desse pronunciamento são vagos, como se deve ser, e bastante convencionais, como os que se relacionam ao "patrimônio inalienável que os brasileiros herdaram de seus maiores", uma vez que eram bem sabidas, por parte dos signatários, as qualidades de excludência da sociedade brasileira e suas características autoritárias e conservadoras.

Entre seus signatários estavam os professores Mário Guimarães Ferri, Laerte Ramos de Carvalho e Roque Spencer Maciel de Barros, que eram amplamente favoráveis ao governo militar, tendo o primeiro ocupado cargos na administração da Universidade, além da direção da Faculdade de Filosofia, devido à confiança que recebia dos governos; o segundo, prestando-se a atuar como reitor nomeado para a Universidade de Brasília, quando da intervenção feita pelos militares na direção daquela entidade, e o terceiro servindo à Comissão de Reforma Universitária, que decidiu autoritariamente como deveria ser reformado o ensino superior brasileiro. É possível, portanto, encarar esse documento como uma manifestação meramente formal, uma vez que o conceito de democracia estava explicitado com bastante nebulosidade para poder interessar a todos os setores, a não ser aqueles que por legítima opção fossem ideólogos do totalitarismo, o que não era o caso de nenhum dos presentes.[12]

Essa ressalva, todavia, já não pode ser dita a respeito do Conselho Universitário, uma vez que nesse colegiado havia elementos que desde jovens haviam se manifestado favoráveis ao totalitarismo, tal como era o caso do representante da Faculdade de Direito, professor Alfredo Buzaid, o futuro reitor da Universidade de São Paulo e ministro da Justiça do governo Médici. Buzaid, desde jovem, era integralista e dos mais convictos, tendo em sua juventude sido dirigente da seção da Ação Integralista Brasileira em sua cidade, Jaboticabal, e manteve até o fim da vida as suas tendências totalitárias sem grandes modificações.

Por esse motivo, em seu livro *O processo dos rinocerontes*, Paulo Duarte criticou-o duramente, chegando a denominá-lo *gauleuter* de Jaboticabal.[13]

---

[12] Apesar de bastante conservador, o professor Roque Spencer Maciel de Barros não pode ser considerado, de modo algum, favorável ao totalitarismo. Sua origem, quanto às posições políticas, é o liberalismo clássico. Nesse sentido, escreveu dois trabalhos de alto valor analítico e explicativo, um sobre o liberalismo e outro sobre os sistemas totalitários. O primeiro é Introdução à Filosofia Liberal (BARROS, 1971b) e o segundo, O fenômeno totalitário (BARROS, 1990).

[13] Durante o período nazista, pouco antes do início da Segunda Guerra Mundial, e durante esse conflito, era denominado *gauleuter* o governador nomeado por Hitler para as áreas ocupadas, razão pela qual Paulo Duarte assim haver classificado o professor Alfredo Buzaid, em alusão a seu passado na chefia de um núcleo integralista na cidade paulista de Jaboticabal, em que foi responsável pela prática de violências, ainda que esses atos tenham sido levados a efeito por outros que não ele, uma vez que nada fez para coibi-los.

As discussões na Congregação sobre o encarceramento arbitrário do professor Mário Schenberg

A reunião de 27 de maio de 1964 foi o preciso momento em que a discussão da Congregação da Faculdade de Filosofia, Ciências e Letras da Universidade de São Paulo, ao lado dos assuntos administrativos e acadêmicos, atingisse um caráter político mais determinado. Esse fato decorreu de manifestação do professor Florestan Fernandes, que censurou a instituição por não haver demonstrado publicamente sua solidariedade ao professor Mário Schenberg, que havia sido recentemente encarcerado pela polícia política. Recordou então o professor que a tomada dessa atitude seria "uma prova do zelo que temos pela autonomia universitária, pois é do maior interesse defender-se as condições mínimas para a nossa liberdade de pensamento".[14]

Essa questão foi das mais espinhosas para a maioria da Congregação, havendo, basicamente, três posições relacionadas com a atitude que deveria ser tomada pela Faculdade. Florestan Fernandes, de acordo com o que já foi exposto, era favorável a uma atitude firme, que praticamente chegava ao confronto: além de manifestar sua solidariedade ao colega preso, o colegiado supremo deveria fazer a defesa das liberdades essenciais para o correto exercício do magistério: a de cátedra, a de pensamento, a de expressão e deveria condenar todas as atitudes que atentassem contra a pluralidade democrática.

Outra posição julgava que realmente era o dever da instituição defender o colega, mas evitando com cuidado pronunciar-se oficialmente. Havia uma terceira posição, favorável ao governo militar, da qual não há registros em ata, na reunião em pauta, mas que deveria fazer-se sentir presente no decorrer das demais sessões e atos oficiais. Era aquela que, em termos práticos, aceitava essa punição, apesar das palavras de defesa da autonomia universitária e das liberdades democráticas e julgava ser mais prudente a instituição permanecer em silêncio, para evitar novos contratempos.

Nesse sentido, o professor Aroldo de Azevedo acabou assumindo uma posição que pode ser descrita como de solidariedade cuidadosa: considerou, em sua fala, que as atitudes possíveis já haviam sido tomadas em defesa do colega, porque o diretor Mário Guimarães Ferri, "logo que teve conhecimento da detenção do professor Mário Schenberg, dirigiu-se ao departamento de Ordem Política e Social para, como colega, prestar o auxílio que fosse necessário". Por esse motivo, Aroldo de Azevedo achou que havia "uma certa injustiça nas

---

[14] FERNANDES, *Ata da reunião da Congregação da Faculdade de Filosofia, Ciências e Letras da Universidade de São Paulo*, 27 de maio de 1964, p. 59.

palavras do professor Florestan Fernandes, pois a Faculdade fez o que estava a seu alcance".[15]

Era a atitude que pregava a assistência ao professor Schenberg, entretanto, sem envolver o nome da instituição ou assumir claramente a sua defesa, que seria a atitude de coragem que, muito além de simplesmente estar protestando contra a injustiça policialesca cometida com aquele docente, o que em si mesmo já era plenamente justificável, era a defesa do princípio da liberdade de cátedra. Cumpre recordar que o professor Schenberg foi detido em virtude de ser marxista, o que era um direito seu, ainda que as suas aulas, de Física Teórica e de Mecânica Celeste não comportassem debates de natureza filosófica, política ou social e tais assuntos jamais entrassem em sua argumentação em classe. Foi, apenas e tão somente, uma perseguição policialesca da ditadura, insuflada sabe-se por quem, contra o direito daquele professor ter a opinião que bem entendesse.

Juntamente com essa posição de Aroldo de Azevedo manifestou-se o professor José Querino Ribeiro, da Cadeira de Pedagogia, que discordou de Florestan Fernandes, julgando ser "conveniente mantermos uma atitude de reserva" e que tinha "certeza de que o professor Mário Schenberg não terá duvidas do coleguismo de seus pares".[16]

Quanto à terceira posição, a dos professores que não condenavam o regime militar, pode ser destacada a que caracterizou o comportamento de Laerte Ramos de Carvalho, da Cadeira de Pedagogia, favorável ao Golpe desde os primeiros momentos e que pouco tempo depois seria chamado pelo governo Castelo Branco para a interventoria da Universidade de Brasília. O posterior desempenho desse docente na vida universitária comprova totalmente essa conclusão.

Concordando com Florestan Fernandes, manifestou-se o professor Lívio Teixeira, que entendeu que "a Faculdade e a Universidade deveriam assumir uma atitude mais combativa com relação ao expurgo de professores, ocasionado pela atual situação política". Assim, era de opinião que "a Universidade deve defender a sua liberdade de pensamento e sofrer por ela".[17]

A gravidade quanto à omissão da Congregação da Faculdade de Filosofia não estava apenas relacionada com a detenção arbitrária e das mais abusivas do professor Schenberg – e ainda que fosse somente esse o problema existente, seria mais que justificada a tomada de uma posição firme, por parte da institui-

---

[15] AZEVEDO, *Ata da reunião da Congregação da Faculdade de Filosofia, Ciências e Letras da Universidade de São Paulo,* 27 de maio de 1964, p. 59.

[16] RIBEIRO, *Ata da reunião da Congregação da Faculdade de Filosofia, Ciências e Letras da Universidade de São Paulo,* 27 de maio de 1964, p. 59.

[17] TEIXEIRA, *Ata da reunião da Congregação da Faculdade de Filosofia, Ciências e Letras da Universidade de São Paulo,* 27 de maio de 1964, p. 59-59v.

ção universitária, como um todo, quanto mais por parte da Faculdade de Filosofia, que era a unidade especificamente atingida –, mas também, basicamente, quanto à defesa de princípios da mais essencial importância para as atividades duma Universidade, a liberdade de expressão e de cátedra.

A discussão quanto à tomada de posição perante a situação política nacional

Prosseguindo suas intervenções, Florestan Fernandes apresentou a sugestão de que a Congregação indicasse uma comissão para que essa redigisse um documento em nome da Faculdade. Seria um manifesto que, em termos objetivos, levasse a público a posição da instituição quanto aos rumos que a situação política estava tomando. Essa proposta foi repelida pelo professor Crodowaldo Pavan, que manifestou-se no sentido que cada professor tomasse as suas posições individualmente, "e não em nome da Congregação". Ao mesmo tempo, Pavan referiu-se a um manifesto que encontrava-se circulando entre vários professores e cientistas e que estava em vias de ser apresentado ao então há pouco tempo empossado presidente Castelo Branco, na qual "cada um deles assumirá as responsabilidades de seu ato", de maneira totalmente pessoal, e não em nome de qualquer entidade científica ou universitária.[18]

A proposta do professor Crodowaldo Pavan era das mais desmobilizadoras, uma vez que um manifesto assinado por cientistas e intelectuais, por mais respeitáveis que fossem, nunca surtiria o mesmo efeito que se estivesse endossado por uma instituição de peso, como era a Faculdade de Filosofia, Ciências e Letras da Universidade de São Paulo, naquele momento o mais expressivo centro de ensino superior do país. Além desse fato que tornaria o documento praticamente inócuo, deve ser considerado que nem todos os cientistas e professores sentir-se-iam motivados a assinar tal manifesto, e mais que tudo, seguros de que não teriam que enfrentar punições, sem o respaldo de uma instituição respeitável.

Há que se considerar, ainda, o peso que uma instituição de respeito encontra na hora de convencer um elemento temeroso a tornar-se signatário de uma declaração desse conteúdo, muito mais que a palavra ou o empenho pessoal de individualidades isoladas.

O professor Querino Ribeiro sugeriu que os assuntos relativos à tomada de posição oficial pela Faculdade, quanto às liberdades necessárias à vida aca-

---

[18] FERNANDES e PAVAN, *Ata da reunião da Congregação da Faculdade de Filosofia, Ciências e Letras da Universidade de São Paulo*, 27 de maio de 1964, p. 59-59v.

dêmica, fossem objeto de discussão na próxima reunião, sugestão que o diretor Guimarães Ferri aceitou quanto à discussão, mas não para ser levada à votação. Deveria ser incluída em pauta para ser deliberada. Favorável a essa medida – a discussão referente a um manifesto oficial da Faculdade – colocou-se o professor Michel Pedro Sawaya, que propõe a criação de uma comissão de três membros para estudar o tema.[19]

O registro da ata aponta para um impasse, situação bastante evidenciada pelo fato de o professor Florestan Fernandes – um dos principais partidários da posição que defendia, na Congregação, que se redigisse um manifesto – seguir propondo medida conciliatória, o adiamento da discussão. Desse modo, a comissão que seria escolhida faria um estudo e, em seguida, a exposição dos motivos, em face dos quais "a Congregação iria pronunciar-se sobre a conveniência ou não da divulgação. Mas apesar de sua atitude de contemporização, essa ideia recebeu um parecer contrário do professor Roque Spencer Maciel de Barros, negando-a liminarmente. Essa foi a posição triunfante, porque o diretor da Faculdade de Filosofia, Ciências e Letras, professor Guimarães Ferri, que nessa qualidade presidia a reunião da Congregação e era nome dos mais conservadores no quadro da instituição, declarou então, encerrando o assunto, que não iria constituir "nenhuma comissão, pois esse ato já seria uma tomada de posição".[20]

No tocante ao assunto mais premente daquela ocasião, a detenção irregular do professor Schenberg, o diretor Ferri deu contas das providências que foram oficialmente tomadas por parte do vice-diretor da Faculdade, professor Rui Ribeiro Franco, e quanto aos seus próprios entendimentos com o secretário da Segurança Pública, na qualidade de vice-reitor em exercício, substituindo Gama e Silva, o reitor efetivo, que nos primeiros dias do Golpe tomou posse do cargo de ministro da Justiça, com o apoio de Costa e Silva, até que o presidente Castelo Branco, ao assumir, indicasse os seus próprios nomes. Enfatizou, ainda, que "*com referência ao professor Mário Schenberg, não deve ser feito nenhum pronunciamento*" e que concordava, plenamente, "*com os professores que se manifestaram contra qualquer pronunciamento público da Congregação, no momento*".[21]

Desse modo, o professor Schenberg ficou entregue à sua própria sorte, sem qualquer declaração oficial da Faculdade de Filosofia, tendo que contar, tão somente, com as medidas de solidariedade pessoal de seus colegas. A institui-

---

[19] Cf. RIBEIRO, FERRI E SAWAYA, *Ata de reunião da Congregação da Faculdade de Filosofia, Ciências e Letras da Universidade de São Paulo*, 27 de maio de 1964, p. 59v.

[20] FERRI, *Ata de reunião da Congregação da Faculdade de Filosofia, Ciências e Letras da Universidade de São Paulo*, 27 de maio de 1964, p. 59v.

[21] Grifos nossos, FERRI, *Ata de reunião da Congregação da Faculdade de Filosofia, Ciências e Letras da Universidade de São Paulo*, 27 de maio de 1964, p. 59v-60.

ção omitiu-se, portanto, de um dever dos mais inegáveis, naquela oportunidade, a defesa do companheiro injustamente detido e, ao mesmo tempo, a defesa dos seus direitos de exercício pelo da liberdade de cátedra.

A negativa formal do diretor Ferri em tomar uma posição em defesa de Schenberg e da liberdade de cátedra

Poucos dias depois, a 25 de junho de 1964, o professor Florestan Fernandes voltou a manifestar-se sobre a necessidade de ser tomada uma posição oficial por parte da Faculdade de Filosofia. Os termos da ata são de que "os fatos evoluíram, não se justificando o silêncio dos professores da Universidade de São Paulo", sendo a favor de que se fizesse uma manifestação em termos precisos, mostrando a posição dos professores universitários, em face do atual momento político", porque essa tomada de atitude "seria uma exposição dos problemas da cultura e da pesquisa científica" e que "a Faculdade não deveria faltar a essa missão". Por isso, volta a enfatizar a necessidade de que se constituísse uma comissão para redigir um pronunciamento dos professores nesse sentido".[22]

Foi secundado pelo professor Lívio Teixeira, cujas posições e comportamento eram muito parecidos com os seus, e que afirmou que "a existência de uma comissão para averiguar sobre o expurgo na Universidade é uma diminuição para ela (a Universidade)", porque não acreditava "que professores se utilizem das cátedras a fim de fazer proselitismo". Mas ele apontou para um problema que, na ocasião, já estava se colocando de maneira clara, agudizado pelo Golpe Militar: ele achava que "na atual condição, [...] a Universidade está perdendo muito de seu padrão moral, pois há uma ameaça a sua liberdade de pensamento", de maneira que assim, "concorda com o professor Florestan Fernandes, pois todos devem reunir-se para a defesa da Universidade".[23]

Era a clara acusação de omissão ou do temor, que em nada iriam ajudar a Universidade, quanto a avanços futuros dos inimigos da liberdade de expressão e de pensamento, e que teriam muitas ocasiões para atuar. O momento urgia uma tomada firme de posição, como queriam Florestan Fernandes e Lívio Teixeira, mas a posição contemporizadora triunfou, tal como a defendiam os professores Crodowaldo Pavan e Aroldo de Azevedo, com o apoio dos parti-

---

[22] FERNANDES, *Ata de reunião da Congregação da Faculdade de Filosofia, Ciências e Letras da Universidade de São Paulo,* 25 de junho de 1964, p. 74v.

[23] TEIXEIRA, *Ata de reunião da Congregação da Faculdade de Filosofia, Ciências e Letras da Universidade de São Paulo,* 25 de junho de 1964, p. 74v.

dários francos do regime militar, como eram os casos dos professores Mário Guimarães Ferri, Roque Spencer Maciel de Barros e Laerte Ramos de Carvalho. Azevedo em breve iria aposentar-se e faleceu pouco depois, mas Pavan acabou, posteriormente, sentindo-se muito desgostoso com os rumos que os acontecimentos seguiram, em especial com os diversos obstáculos à pesquisa científica.

Teixeira tocava num ponto essencial, a existência de um grupo de professores encarregados de promover o macarthismo na Universidade, com a caça às bruxas voltada contra os colegas considerados subversivos. Entendia ele que esse procedimento não se justificava, pois os professores que tinham posições políticas esquerdistas não faziam proselitismo em sala de aula, com o que a atividade investigadora da citada comissão era um evidente abuso.

Quanto a Mário Guimarães Ferri, Roque Spencer Maciel de Barros e Laerte ramos de Carvalho, o desenrolar dos acontecimentos iria mostrar as suas posições em concordância com o regime militar, sendo o primeiro, durante um bom tempo, ocupante da Vice-Reitoria com o pleno apoio dos governos federal e estadual, o segundo fazendo parte da Comissão de Reforma Universitária que foi encarregada de realizar o projeto de reforma decretada e o terceiro, o reitor nomeado para a intervenção na Universidade, papel que desempenhou de maneira desastrada e melancólica.

Ferri colocou-se, nessa reunião, novamente contra a ideia de um pronunciamento da Faculdade, ainda que os termos propostos fossem de um documento objetivo, que se referisse aos problemas que o estado de força estava acarretando para a cultura e para a pesquisa. Sua negativa baseou-se na curiosa afirmação de que "uma Congregação não deve manifestar-se a base de suspeitas ou conjecturas" e que "deve somente tomar atitudes à base de fatos".[24]

Causa estranheza a afirmação do diretor, uma vez que um dos problemas mais graves do momento, a prisão de um catedrático, o professor Schenberg, era fato concreto, dos mais públicos e notórios, não se tratando, absolutamente, de conjecturas ou meras suspeitas, por ele mais que sabido, uma vez que teve de, oficialmente, tomar algumas providências no sentido de entrar em contato com o detido, como foi o próprio teor de seu pronunciamento, ao dar contas da missão de que encarregou o professor Rui Franco. O mesmo dava-se com as questões relativas às liberdades necessárias para a vida universitária: era evidente, no momento, o clima de incerteza, o que por si mesmo evidenciava o temor causado pelo Golpe.

Respondendo a uma indagação do professor Lívio Teixeira nesse sentido, que não foi transcrita em ata, o diretor Mário Guimarães Ferri afirmou que segundo as declarações do secretário da Segurança Pública, do governador do Es-

---

[24] FERRI, *Ata de reunião da Congregação da Faculdade de Filosofia, Ciências e Letras da Universidade de São Paulo*, 25 de junho de 1964, p. 74v.

tado – que era Adhemar de Barros – e do presidente Castelo Branco, "nenhum professor, *por ideologia*, seria expurgado". [25]

O que não foi explicado é a incoerência entre essa afirmação e a prisão de Schenberg, fato concreto e totalmente abusivo, que foi tomado tão somente pelas opiniões desse professor. Nem estava claro como podia tal afirmação estar de pleno acordo com as perseguições na Universidade de Brasília, e de casos que, mesmo sendo isolados, deixavam claro estar havendo abusos e descumprimentos da lei e da tal ordem das citadas autoridades de que não haveria perseguição ideológica. Tal foi o caso do professor Warwick Kerr, da Faculdade de Filosofia, Ciências e Letras de Rio Claro. Detido por motivo de exibição de força e poder do delegado de polícia local, o bacharel Nestor Penteado Sampaio, que assim agiu em cumprimento duma aposta, feita num bar daquela cidade paulista, cujo prêmio foi uma garrafa de cerveja.[26]

Manifestou-se a seguir um dos representantes discentes, o aluno Emir Sader, que referiu-se a depoimento feito por dois diretores do grêmio universitário, seu vice-presidente e tesoureiro, perante comissão integrada por autoridades, entre as quais o reitor Gama e Silva, quando "*foram arguidos sobre os nomes de professores e alunos comunistas* existentes na Faculdade" e que, exatamente, "foi o magnífico reitor que formulou estas perguntas, acrescentando que, *caso não houvesse colaboração, seria determinada a intervenção na Faculdade*" e ainda, a afirmação do reitor de que "*é obrigação dos representantes do corpo discente trazer estas informações à Congregação*".[27]

Notamos que exatamente na reunião em que o diretor Ferri alegava haver a palavra do presidente Castelo Branco, do governador Adhemar de Barros e do secretário da Segurança Pública de São Paulo de que não haveria expurgo na Universidade por motivo de ideologia, o próprio reitor – a mais alta autoridade universitária, portanto – encarregava-se de pretender extorquir delações dos alunos, apresentando tal ato como dever do representante discente e ameaçando, caso não houvesse delações, conduzir a intervenção. Igualmente, relaciona-se tal comportamento de Gama e Silva com a comprovação do professor Lívio Teixeira de que a Universidade estava de fato grandemente desfalcada em seus padrões morais, uma vez que havia ameaças à liberdade de pensamento e com um reitor servindo para açular a delação.

---

[25] Grifo nosso, FERRI, *Ata de reunião da Congregação da Faculdade de Filosofia, Ciências e Letras da Universidade de São Paulo*, 25 de junho de 1964, p. 74v.

[26] DUARTE, 1967, p. 159; Adusp, 1979, p. 13-14.

[27] Grifos nossos, SADER, *Ata de reunião da Congregação da Faculdade de Filosofia, Ciências e Letras da Universidade de São Paulo*, 25 de junho de 1964, p. 75.

A fala de Emir Sader referenda claramente essa afirmação do professor, quanto a um reitor prestando-se ao papel de delator e um diretor – o caso de Mário Guimarães Ferri – encolhendo-se e omitindo-se perante as ameaças levantadas contra a autonomia universitária.

Por isso, diante da fala do representante discente, Lívio Teixeira voltou a manifestar-se, alegando que "se trata de um problema de consciência, diante do qual não podemos ficar calados", porque "o governo quer levar sua intervenção a um campo onde não deveria levar". Foi secundado pelo professor Italo Betarello, que recordou então "a situação de professores de outras faculdades que foram detidos e que perderam a regência de suas cátedras" e que era necessário prudência, pois "estamos diante de uma situação que exige muita reflexão".[28]

Manifestou-se também outra representante discente, a aluna Marilda Sawaya, que apoiou os professores que se puseram a favor de um pronunciamento da Congregação, por ser "de opinião que tal pronunciamento é coerente com a própria autonomia da Universidade", motivo pelo qual "devemos firmar nossa posição e não ficarmos calados diante da atual situação e das punições que sofreram professores de diversas faculdades".[29]

Dessa atitude discordou novamente o diretor Ferri, alegando que a Congregação já havia feito uma declaração de princípios, "publicada pouco antes da Revolução" e que nesse sentido, "diversos professores desta Faculdade reiteraram os termos daquele manifesto", de modo "que não vê, no momento, nenhuma razão que justifique um novo pronunciamento da Congregação" e, assim, "se algum dos presentes acha que deve ser tomada qualquer atitude, que o faça individualmente".[30]

A respeito dessa posição ocorreu uma nova crítica de Florestan Fernandes, ao afirmar reconhecer que "o diretor tem tomado atitudes firmes e leais", mas que, contudo, discordava de alguns pontos de sua orientação. "Neste momento de perplexidade, a Faculdade já perdeu muito de seu patrimônio moral", prosseguiu ele, citando, como exemplo das agressões sem respostas sofridas pela universidade, "a invasão do grêmio desta Faculdade pelo Departamento de Ordem Política e Social, cujo ato foi levado ao conhecimento do reitor, e que até hoje não houve resposta". De tal modo, entendeu Florestan Fernandes que "devemos responder a um desafio sem, entretanto, criar riscos para a Universidade", razão pela qual era importante "não provocar agitação, mas orientar

---

[28] TEIXEIRA e BETARELLO, *Ata de reunião da Congregação da Faculdade de Filosofia, Ciências e Letras da Universidade de São Paulo*, 25 de junho de 1964, p. 75.

[29] SAWAYA, *Ata de reunião da Congregação da Faculdade de Filosofia, Ciências e Letras da Universidade de São Paulo*, 25 de junho de 1964, p. 75.

[30] FERRI, *Ata de reunião da Congregação da Faculdade de Filosofia, Ciências e Letras da Universidade de São Paulo*, 25 de junho de 1964, p. 75.

os espíritos" e assim procedendo, "defender um legado para não perdermos a autoridade, quando quisermos levar a público as nossas ideias". Por essa razão, *"não devemos perder o último momento para dizer o que já deveríamos ter dito"*, porque julgava ser evidente que *"o que suceder daqui por diante será o pagamento de nossa atitude"*.[31]

Estava ele, portanto, enfatizando claramente uma evidência de que não havia mais tempo a perder em se tratando de defender os direitos e o patrimônio da Universidade. Ao recordar que havia já sido dado ciência ao reitor e que sua resposta havia sido apenas o descaso, era evidente que estava deixando claro a inidoneidade de Gama e Silva. Entretanto, a força política desse reitor fazia com que a maior parte dos professores tivesse receio de procurar a união em defesa dos direitos ameaçados. Criticava a omissão dos colegas em defesa da autonomia universitária, portanto, uma vez que a do reitor Gama e Silva já era esperada.

O falso dilema da Congregação: como despolitizar os termos dum debate político por sua própria essência

Entendemos que nesse momento ficou patenteado que a Congregação da Faculdade de Filosofia estava colocada diante de um falto dilema, de como preservar sua autonomia e essencial liberdade de cátedra, sem que se envolvesse em temas de natureza política. Entendemos ser falso o dilema, uma vez que o assunto em questão era essencialmente político, de modo irrecusável: a defesa da liberdade de cátedra e do direito de livre pensamento, na sequência do Golpe de 1964, nunca poderia ser visto senão num contexto político. Dessa forma, as atitudes que se faziam necessárias seriam, forçosamente, a defesa desse direito, e sua livre expressão jamais poderia estar divorciada do contexto político do país, tal como o entenderam Florestan Fernandes, Lívio Teixeira e os representantes discentes Emir Sader e Marilda Sawaya.

Essa posição levantada por Florestan Fernandes não seria seguida por outros professores que em outras oportunidades colocaram-se firmemente a favor da defesa dos direitos da Universidade. Tal foi o caso do professor Eurípedes Simões de Paula, que julgou naquela ocasião ser desaconselhável "qualquer manifestação no momento, uma vez que a Congregação e professores da Faculdade já disseram, na ocasião oportuna, o que era necessário dizer". Tal pronunciamento do professor Eurípedes, sugerido, possivelmente pelo desejo de

---

[31] Grifos nossos. FERNANDES, *Ata de reunião da Congregação da Faculdade de Filosofia, Ciências e Letras da Universidade de São Paulo*, 25 de junho de 1964, p. 75-75v.

não exacerbar a direita, especialmente considerando que alegou já ter havido manifestação anterior, foi aproveitado pelo professor Roque Spencer Maciel de Barros, um inimigo da tese de que se tomassem as posições recomendadas por Florestan Fernandes e Lívio Teixeira. Alegou que "depois das manifestações discordantes, verificar-se que não há unanimidade na Congregação" e que, desse modo, "não haverá de ser tomada qualquer decisão".[32]

Contra a sugestão de que houvesse a tomada de posição coletiva manifestou-se igualmente o professor Crodowaldo Pavan, repetindo a sua fala da reunião anterior, a de que livremente houvessem manifestações, "desde que estas sejam individuais, sem envolver a Congregação da Faculdade" e que assim, "no momento, não deve ser feito nenhum pronunciamento", descartando assim, portanto, totalmente, a ideia de que houvesse a tomada duma posição oficial e coletiva da instituição.[33]

O diretor Ferri interveio nessa discussão para falar muito genericamente, "mostrando a flexibilidade de pensamento que deve existir no regime democrático, dentro dos limites que assegurem a sobrevivência desse mesmo regime". Em apoio à sua fala, manifestou-se o professor Laerte Ramos de Carvalho sobre as divergências de opinião a respeito da proposta e dizendo "ser extemporâneo qualquer pronunciamento da Faculdade, podendo mesmo ter uma repercussão desfavorável, a não ser que este versasse sobre uma análise profunda dos problemas brasileiros".[34]

A fala do diretor foi evidentemente muito anódina, destinada a um efeito paliativo. De fato, ele reconheceu e reafirmou o óbvio, a ideia de que dentro do regime democrático deve haver flexibilidade de pensamento, ainda que estivesse bem claro que o governo militar não era favorável ao respeito a tais ideias, como os fatos estavam demonstrando claramente, apesar das declarações das autoridades de que não haveria perseguição ideológica. Quanto ao comentário de Ramos de Carvalho, parece-nos ser bastante pueril a sua afirmação de que apenas teria validade "uma análise profunda dos problemas brasileiros", uma vez que um pronunciamento oficial da Congregação da Faculdade de Filosofia, Ciências e Letras da Universidade de São Paulo somente iria poder realizar-se com profundidade sobre tais problemas.

O professor Oswaldo Porchat ficou numa posição intermediária: apoiaria "um manifesto que não interferisse em questões políticas", mas entendeu que não era o momento de aceitar a redação desse documento, porque "as discussões tomaram esse aspecto com o qual não concorda". Em apoio a tais palavras

---

[32] SIMÕES DE PAULA e BARROS, *Ata de reunião da Congregação da Faculdade de Filosofia, Ciências e Letras da Universidade de São Paulo*, 25 de junho de 1964, p. 75.

[33] PAVAN, *Ata de reunião da Congregação da Faculdade de Filosofia, Ciências e Letras da Universidade de São Paulo*, 25 de junho de 1964, p. 75v.

[34] FERRI e CARVALHO, *Ata de reunião da Congregação da Faculdade de Filosofia, Ciências e Letras da Universidade de São Paulo*, 25 de junho de 1964, p. 75v.

voltou a manifestar-se o diretor Ferri, fazendo então a alegação de que "qualquer manifestação desse tipo forçosamente abordará questões políticas" e por esse específico motivo, "discorda de qualquer pronunciamento nessa ocasião".[35]

A fala do professor Porchat foi das mais inoportunas e infelizes, se considerarmos que não se tratava de um conservador do estilo de Ferri ou Ramos de Carvalho. De fato, o pronunciamento em questão seria necessariamente político, e não poderia deixar de sê-lo, uma vez que se tratava de considerações sobre o momento político nacional, tanto no que tocava aos direitos da Universidade, quanto às liberdades fundamentais para o exercício de sua tarefa, quanto no que se relacionava com a sociedade brasileira em seu conjunto. Que Ferri ou Ramos de Carvalho tomassem tais posições era totalmente lógico e compreensível, mas já no caso de Oswaldo Porchat, a sua argumentação perdia grandemente em eficácia.

Entretanto, poucos dias depois o professor Porchat iria trazer à discussão um documento dos professores assistentes, dos quais era o representante na Congregação, exigindo o respeito à liberdade de cátedra.

A discussão azedou com o rumo que estava sendo tomado, pois o professor Florestan Fernandes colocou os termos de modo bastante taxativo ao analisar o perigo de que esse assunto ficasse deixado ao abandono, pois acrescentou que no futuro poderiam ser considerados omissos, razão pela qual alegou que "não desejava ser considerado traidor da Universidade".[36]

Ao referir-se desse modo drásticos, o orador agiu sem citar nomes, mas deixando evidente que a omissão seria um passo danoso para a comunidade, uma vez que estava sendo deixada de lado a oportunidade para que fosse colocada, dum modo claro, a questão da liberdade de cátedra.

Esse pronunciamento foi motivo para que se manifestassem vários elementos que até então haviam se decidido por evitar tomar atitude clara ou negavam-se taxativamente a apoiar a proposta de que se lançasse um documento oficial da Faculdade, alguns deles bastante atingidos pelas palavras de Florestan Fernandes. O professor Laerte Ramos de Carvalho, um dos principais inimigos da tomada de posição, afirmou então que "não aceita a pecha de traidor da Universidade", palavras também repetidas pelo diretor Mário Guimarães Ferri, para quem "traidores seriam aqueles que favorecessem um regime de extrema esquerda ou de extrema direita, no qual uma verdadeira Universidade não pode existir".[37]

---

[35] PORCHAT e FERRI, *Ata de reunião da Congregação da Faculdade de Filosofia, Ciências e Letras da Universidade de São Paulo*, 25 de junho de 1964, p. 75v. -76.

[36] FERNANDES, *Ata de reunião da Congregação da Faculdade de Filosofia, Ciências e Letras da Universidade de São Paulo*, 25 de junho de 1964, p. 76.

[37] CARVALHO e FERRI, *Ata de reunião da Congregação da Faculdade de Filosofia, Ciências e Letras da Universidade de São Paulo*, 25 de junho de 1964, p. 76.

O impasse não teve uma solução favorável com a intervenção do professor Eurípedes Simões de Paula, geralmente um elemento dos mais felizes nos momentos dessa gravidade, pois nesse momento, ao invés de considerar a necessidade de que se tomassem medidas que garantissem minimamente a liberdade de cátedra – a proposta de Florestan –, ele considerou que "uma minoria não deve decidir em nome da Congregação". Outro pronunciamento bastante infeliz foi o do professor Paulo Sawaya, que declarou ser favorável à posição de "defender sempre a Faculdade e aguardar os acontecimentos".[38]

A conclusão da fala do professor Eurípedes é muito evidente, por sua própria natureza, mas o que podia ser analisado é o fato de que se tratava da sobrevivência digna e livre da Universidade. Quanto à manifestação do professor Paulo Sawaya, cabe a pergunta: como defender a Universidade, se para isso eram necessários atos, se desejava que a Congregação ficasse aguardando o decorrer dos fatos, numa situação em que a urgência era mais que evidente?

Essa reunião, de que dependia boa parte da independência que iria ter a Universidade de São Paulo, melancolicamente foi terminada após propostas dos professores Crodowaldo Pavan e Roque Spencer Maciel de Barros. O primeiro alegou considerar "a discussão estéril e a dificuldade de se chegar a um acordo", e o segundo levou em conta a pertinência de que tais discussões fossem suspensas, "já que não há a unanimidade necessária para justificar manifestações públicas, unanimidade sem a qual tal manifestação exprimiria apenas a opinião de uma eventual maioria dominante entre os presentes".[39]

Florestan Fernandes, Oswaldo Porchat e Lívio Teixeira, entre os professores, e os representantes discentes, Emir Sader e Marilda Sawaya, discordaram dessa proposta do professor Roque Spencer Maciel de Barros de suspensão dos debates, discordância que manifestaram abstendo-se de votar.

A abstenção de nada ajudou: o exército instala um inquérito policial militar na faculdade

A reunião da Congregação realizada no dia 25 de setembro de 1964 foi o momento da discussão de um dos mais sérios acontecimentos de toda a história da Universidade de São Paulo, a "caça às bruxas" instalada com o inquérito policial militar que foi presidido pelo tenente-coronel Bernardo Schonmann.

---

[38] SIMÕES DE PAULA e SAWAYA, *Ata de reunião da Congregação da Faculdade de Filosofia, Ciências e Letras da Universidade de São Paulo,* 25 de junho de 1964, p. 76.

[39] PAVAN e BARROS, *Ata de reunião da Congregação da Faculdade de Filosofia, Ciências e Letras da Universidade de São Paulo,* 25 de junho de 1964, p. 76.

Esse acontecimento constituiu-se num dos episódios mais lamentáveis já ocorridos na Universidade de São Paulo, em toda a sua história, e foi o resultado das delações realizadas pela comissão de professores catedráticos de estrita confiança do reitor Gama e Silva, por serem dos mais conservadores e marcados pela obsessão anticomunista, selecionados entre elementos pertencentes aos quadros das faculdades mais tradicionais. Eram eles os professores catedráticos Teodureto Faria de Arruda Souto, da Escola Politécnica e diretor Escola de Engenharia de São Carlos e Moacyr Amaral dos Santos, da Faculdade de Medicina de São Paulo. A esses professores igualmente dos mais conservadores, o diretor da Escola Politécnica, professor Tarcísio Damy de Souza Santos e Alfredo Buzaid, o futuro ministro da Justiça do governo Médici, e que na ocasião era o representante da Faculdade de Direito no Conselho Universitário.

Dessas delações dos referidos professores resultaram muitos incômodos para os professores da Universidade, dos quais alguns exemplos são as prisões de Schenberg e de Isaías Raw, e que agora acarretavam as convocações para depor perante os encarregados de esclarecer as assim denominadas atividades subversivas. Foi a partir dos dados que tal comissão forneceu aos perseguidores que 53 elementos da Universidade, entre professores, alunos e funcionários, foram citados para serem inquiridos diante do tenente-coronel Schonmann.

Entretanto, apesar do quão inglória e degradante tenha sido essa investigação, os resultados a que chegaram os inquiridores militares acabaram sendo inocentadores para os acusados, colocando em evidência que todas as acusações em pauta eram infundadas – e mais que isso, caluniosas –, uma vez que nenhum dos acusados foi condenado.

O diretor Guimarães Ferri afirma aos colegas que não fez declarações aos militares do IPM

O assunto relacionado a essa investigação veio a discussão por meio do diretor da Faculdade, professor Mário Guimarães Ferri, que alegou que "no decurso dos depoimentos feitos por professores no inquérito policial militar instalado nessa Faculdade, chegou ao seu conhecimento que estavam sendo a ele atribuídas declarações que teria prestado junto à Comissão de Investigação de Atividades Subversivas na Universidade de São Paulo e nas quais apontava colegas como comunistas, ou ligados a movimentos subversivos".[40]

---

[40] FERRI, *Ata de reunião da Congregação da Faculdade de Filosofia, Ciências e Letras da Universidade de São Paulo*, 25 de setembro de 1964, p. 85.

O diretor estava ressentido com as notícias que no momento estavam correndo a seu respeito, apontando-o como um delator policial, e, por esse motivo, resolveu esclarecer convenientemente os professores, em reunião da Congregação. Sendo assim, compareceu ao encontro dos professores munido de cópia do relatório de suas declarações perante a comissão que havia sido encarregada de promover o inquérito policial militar. Esse documento foi anexado ao arquivo da Faculdade, por recomendação do organismo Técnico Administrativo da instituição.

Nos termos daquele documento emitido pela Comissão investigadora foram apontados três fatores, que foram vistos pelos integrantes como elementos que dificultavam as investigações em questão. O primeiro era o fato de que o diretor Ferri era visto como alguém bastante ocupado por suas tarefas administrativas e didáticas, de tal modo que "parece inteiramente desconhecedor das pessoas e dos fatos sobre que versa a investigação". O segundo fator era quanto à "criação de um ambiente contrário a esta investigação, especialmente através da imprensa escrita (ver carta do professor Paulo Duarte, publicada em *O Estado de S.Paulo*, e a entrevista do mesmo, publicada na *Folha de S.Paulo*, de 25/5/1964; o artigo de Tristão de Athayde, publicado na *Folha de S.Paulo*, em 7/5/1964". O terceiro elemento que funcionava como fator capaz de dificultar a investigação eram os documentos apreendidos "pela polícia do Estado, logo em seguida ao movimento vitorioso de 31 de março, da documentação subversiva, porventura existente (*sic*), nos arquivos da associação estudantil da Faculdade (documentos n. 1-3 A, informação do diretor da Faculdade)".[41]

Afirmou então o diretor que "as palavras anteriores e posteriores que estão entre aspas antes dos parênteses indicando, [...] não são de sua responsabilidade". No tópico referente ao professor Mário Schenberg, a cópia do documento fornecido pela comissão investigadora registra, na relação dos elementos considerados subversivos, que "a todos esses se sobreleva, pela sua projeção cultural, o professor Mário Schenberg, de coloração marxista definida e 'como comunista' considerado 'por todo o mundo' (informação do professor Mário Ferri), além do que comprovadamente atuante nas manifestações e movimentos ditos 'de esquerda', tendo várias vezes por esse motivo sido preso pela Delegacia de Ordem Política e Social".[42]

Outro nome citado foi o do professor Fernando Henrique Cardoso, classificado dentro duma categoria muito próxima daquela em que foi enquadrado

---

[41] Intercalação nossa. FERRI, *Ata de reunião da Congregação da Faculdade de Filosofia, Ciências e Letras da Universidade de São Paulo*, 25 de setembro de 1964, p. 85.

[42] FERRI, *Ata de reunião da Congregação da Faculdade de Filosofia, Ciências e Letras da Universidade de São Paulo*, 25 de setembro de 1964, p. 85.

Schenberg. Era declaradamente um "elemento ativo o professor Fernando Henrique Cardoso", e isso se dava porque a "sua atuação se exerce especialmente na área do corpo discente", estando "sempre em contacto com os alunos em seus movimentos reivindicatórios [informação do professor Mário Ferri], orientando ou amparando as greves estudantis". Além disso, representante dos professores assistentes no Conselho Universitário, solidarizou-se aí com todas as proposições dos delegados dos alunos, ou as defendeu com se fossem suas.[43]

Outros elementos apareceram no inquérito policial militar, entre eles o professor João Cruz Costa, já bastante idoso e, tal como Schenberg, próximo de aposentar-se, mas que não foi por isso poupado, e mais o professor Florestan Fernandes. "O professor João Cruz Costa, ao que se sabe, é elemento 'de esquerda' [informação do professor Mário Ferri] e, conforme é sabido, de ideias marxistas". No que toca ao professor Florestan Fernandes, constava do termo do referido inquérito que se trata de um "elemento havido e conhecido como 'de esquerda', o professor Florestan Fernandes [informação do professor Mário Ferri], a quem já se aludiu". Prosseguindo outra informação especial, além de ser proponente da criação da referida Codiplan, já citada.[44]

O diretor Ferri citou ainda o trecho do termo do inquérito em que aparece como informante sobre a entidade de representação estudantil: "O grêmio da Faculdade de Filosofia, Ciências e Letras foi visitado pelo Dops no dia imediato à vitória da Revolução de 31 de março, e aí apreendeu-se material comprobatório daquelas atividades, o qual encontra-se em poder desse departamento policial. No ato foram detidos vários estudantes, oito ou nove, entre os quais estudantes de outras escolas e mesmo pessoas alheias à classe estudantil [informação do professor Mário Ferri]". O diretor disse, ainda, que "estes são os trechos do documento que o sr. Tenente-coronel Bernardo Schonmann lia aos professores que prestavam depoimento no IPM, segundo informações da referida autoridade" e que depois do exposto, "acredita ter deixado bem claro o que de fato é de sua responsabilidade, isto é, apenas o que figura entre aspas, como anteriormente indicado, não podendo, portanto, responder por qualquer distorção que porventura tenha sido feita".[45]

---

[43] Idem.
[44] Ibidem, p. 85v.-86.
[45] Intercalação nossa. FERRI, *Ata de reunião da Congregação da Faculdade de Filosofia, Ciências e Letras da Universidade de São Paulo,* 25 de setembro de 1964, p. 86.

O professor Florestan Fernandes revela os detalhes de sua prisão pelos militares

Apesar de ser elemento virtualmente oposto ao professor Ferri, no que dizia respeito às ideias e posições tomadas perante a situação política nacional, assim como as atitudes que entendia serem necessárias a Faculdade de Filosofia assumir, em defesa da liberdade universitária, o professor Florestan Fernandes declarou, após ouvir com seus colegas a leitura do termo acima citado, que não acreditava que o diretor tivesse feito acusações aos colegas, pois conhecia muito bem seu caráter e sabia não ser capaz de praticar esse tipo de atitude.

Elogiou o diretor pelas explicações dadas aos presentes na reunião da Congregação e afirmou que "a idoneidade do professor Mário Guimarães Ferri é notória", motivo pelo qual acreditava que ele "seria incapaz de acusações a colegas". Foi secundado pelo professor Crodowaldo Pavan, que declarou ser "testemunha de que o próprio professor Florestan Fernandes lhe dissera anteriormente que não acreditava nas declarações que eram atribuídas ao sr. Diretor e que constavam no relatório da Comissão de Investigação de Atividades Subversivas".[46]

O professor Florestan Fernandes voltou então a manifestar-se, pedindo que fosse transcrito em ata o texto da carta que pouco antes de sua prisão havia enviado ao tenente-coronel Bernardo Schonmann, dando-lhe explicações sobre a atividade universitária e suas peculiaridades, no que tocava à carreira, às suas exigências, especificidades e, mais ainda, notadamente quanto às grandes limitações que as tarefas de um professor universitário impunham tanto às atividades políticas e partidárias quanto à busca de remuneração compensatória. Essa carta foi o motivo pelo qual o professor Florestan, no arbítrio do chefe da comissão de inquérito, não levou em conta o fato de ser um protesto respeitoso, ainda que enérgico, como não poderia deixar de ser, dadas as circunstâncias e dado o caráter e sentido de dignidade pessoal do seu autor. Nessa mesma reunião, Florestan Fernandes prestou informações a seus colegas sobre os pormenores de sua prisão.

Convém lembrar que todos os inquéritos policiais militares daquele momento enfatizavam estar fazendo suas investigações sobre atividades subversivas e sobre corrupção administrativa e financeira. Assim foi, uma vez que era a imagem do pelego que estava associada, genericamente, aos partidários do regime deposto e até mesmo aos que defendiam puramente a manutenção das

---

[46] FERNANDES e PAVAN, *Ata de reunião da Congregação da Faculdade de Filosofia, Ciências e Letras da Universidade de São Paulo*, 25 de setembro de 1964, p. 86.

liberdades democráticas e o respeito à Constituição, ou esse era o interesse dos detentores do poder, para assim poderem desqualificar moralmente os inimigos derrotados e anulá-los no que dizia respeito às lutas internas da Universidade.

O texto da carta de Florestan Fernandes ao chefe da comissão de inquérito

O teor da carta endereçada pelo professor Florestan Fernandes ao oficial encarregado da direção do inquérito policial militar na Universidade é o seguinte: "Sr. Tenente-Coronel: Há quase vinte anos venho dando o melhor do meu esforço para ajudar a construir em São Paulo um núcleo de estudos universitários dignos desse nome. Por grandes que sejam minhas falhas e por pequena que tenha sido a minha contribuição individual, esse objetivo constitui o principal alvo de minha vida, dando sentido às minhas atividades como professor, como pesquisador e cientista. Por isso, foi com indisfarçável desencanto e com indignação que vi as escolas e os institutos da Universidade de São Paulo serem incluídos na rede de investigação sumária, de caráter 'policial militar', que visa a apurar *os antros de corrupção e os centros de agitação subversiva* no seio dos serviços públicos mantidos pelo governo estadual". [47]

A ressalva sobre a corrupção era totalmente explicável, se levarmos em conta que os professores que foram levados à frente dos membros da Comissão de Inquérito Policial Militar primavam pelo bom nome, pela reputação ilibada, ao lado de seus currículos enquanto pesquisadores e docentes.

"Não somos um bando de malfeitores. Nem a ética universitária nos permitiria converter o ensino em fonte de pregação político-partidária. Os que exploram meios ilícitos de enriquecimento e de aumento do poder afastam-se, cuidadosa e sabidamente, da área do ensino (especialmente do ensino superior). Em nosso país, o ensino só fornece ônus e pesados encargos, oferecendo escassos atrativos mesmo para os honestos, quanto mais para os que manipulam a corrupção como um estilo de vida. Doutro lado, quem pretendesse devotar-se à agitação político-partidária seria desavisado se se cingisse às limitações insanáveis que as relações pedagógicas impõem ao intercâmbio das gestações. Vendo as coisas desse ângulo (e não me parece que existe outro diverso), recebi a convocação para ser inquerido 'policial-militarmente' como uma injúria, que afronta a um tempo o espírito de trabalho universitário e a mentalidade científica, afetando-me, portanto, tanto

---

[47] Grifos nossos, FERNANDES, *Ata de reunião da Congregação da Faculdade de Filosofia, Ciências e Letras da Universidade de São Paulo,* 25 de setembro de 1964, p. 86-86v.

pessoalmente, quanto na minha condição de membro do corpo de docentes e de investigadores da Universidade de São Paulo".[48]

Estava destacando a grande dose de idealismo que se fazia necessária para o desempenho das tarefas docentes no meio universitário, em se tratando dos setores da ciência básica, no que toca à remuneração. Igualmente, enfatizou as dificuldades para que se pudessem conciliar as tarefas do magistério superior com as atividades político-partidárias, o que fica muito evidente se levarmos em conta os aspectos altamente absorventes de ambas as citadas esferas da vida social.

"Foi com melancólica surpresa que vislumbrei a indiferença da alta administração universitária diante dessa inovação, que estabelece nova tutela sobre a nossa atividade intelectual. Possuímos critérios próprios para a seleção e a promoção do pessoal docente e de pesquisa. Atente V. Sa. para as seguintes indicações, que extraio de minha experiência pessoal e que ilustram um caso entre muitos. Formado entre 1943 e 1944, obtive meu grau de mestre em Ciências Sociais em 1947, com um trabalho de 328 páginas (em composição tipográfica); o grau de doutor, em 1951, com um estudo de 419 páginas, (também em composição tipográfica); o título de livre-docente em 1953, com um ensaio de 145 páginas (idem); e somente agora acho-me em condições de me aventurar ao passo decisivo, o concurso de cátedras, com uma monografia de 743 páginas (idem). Nesse ínterim, trabalhei como assistente de 1945 a 1954, sendo responsável pela direção da cadeira que ocupo apenas depois de 1955. Outros colegas, que militam em setores onde a competição costuma ser mais árdua, enfrentam crivos ainda mais duros para a realização de suas carreiras".[49] Ao lado de expor o quão longa havia sido toda a progressão de sua carreira, enfatizou os processos ainda mais exigentes para a seleção em outras áreas. Evidentemente, essas exigências deviam ser vistas como altamente absorventes do tempo de um professor universitário, não deixando tempo livre para atividades político-partidárias metódicas e regulares. E, no início desse parágrafo, deixou claro que não aceitava a submissão que as autoridades universitárias vinham manifestando no tocante a essas intimações para depor policial-militarmente.

Cumpre notar que o reitor Gama e Silva, mais que omisso, era um cúmplice dessa situação de insegurança generalizada.

"Isso evidencia, por si só, que dispomos de padrões próprios – a um tempo: adequados, altamente seletivos e exigentes – para forjar mecanismos autossuficientes de organização e de supervisão. Não obstante, acato as deter-

---

[48] FERNANDES, *Ata de reunião da Congregação da Faculdade de Filosofia, Ciências e Letras da Universidade de São Paulo*, 25 de setembro de 1964, p. 86v.

[49] Ibidem, p. 86v.-87.

minações que não estão em meu alcance modificar. Por quê? Por uma razão muito simples. Nada tendo a ocultar ou a temer, entendo que seria improdutivo enfrentar de outra forma tal vicissitude. A nossa escola, por ser inovadora e por ter contribuído de maneira poderosa para a renovação dos hábitos intelectuais e mentais no Brasil, foi vítima de um processo de estigmatização que muito nos tem prejudicado, direta e indiretamente. Não podendo destruir-nos, os agentes da estagnação cultural optaram pela difamação gratuita e pela detratação sistemática. Ambas não impediram que a nossa escola avançasse até atingir sua situação atual, ímpar no cenário cultural latino-americano".[50]

Estava, nesse ponto, deixando claro que a Universidade conhece padrões de excelência para o ingresso e progressão na carreira. Ao mesmo tempo, ressaltava o quanto havia sido difícil essa atividade, especialmente em se tratando das atividades da Faculdade de Filosofia, que por seus grandes esforços em busca da construção de uma ciência realmente compreensiva da realidade acabava por chocar-se, muitas vezes, com a má vontade das escolas tradicionais. E nesse caso, a atividade em questão acabava sendo taxada, invariavelmente, como subversiva dos padrões políticos, ainda que o fosse basicamente, no tocante aos velhos padrões de trabalho universitário, rotineira e pouco renovadora, e que acabava por obrigar um professor a dar contas de suas atividades a um inquérito policial militar, como se fosse um criminoso.

Quanto ao desempenho dos setores de Ciências Humanas da Faculdade de Filosofia, é evidente que a crítica que seus quadros faziam das características de organização da sociedade brasileira não poderia agradar aos elementos mais conservadores do mundo acadêmico. Esses, evidentemente, dispondo da comissão de apuração das atividades ditas subversivas, não iriam deixar em branco esses inimigos, agora postos em perigosa evidência pelo golpe de 1º de abril de 1964. As comprovações do quão poderosos eram esses ódios estão evidenciadas pelas ações delatoras – profundamente injustificáveis – dos professores Teodureto Faria de Arruda Souto, Moacyr Amaral dos Santos e Jerônimo Geraldo de Campos Freyre, a que vieram juntar-se posteriormente o diretor da Escola Politécnica de São Paulo Tarcísio Damy de Souza santos e outros elementos da Faculdade de Direito mais estreitamente ligados ao reitor Gama e Silva, como demonstrou ser a posição de Alfredo Buzaid.

Conseguimos sobreviver e vencer, apesar dessa resistência tortuosa e dos seus efeitos nocivos. Cada professor que desse, nas atuais circunstâncias, vazão a seus sentimentos e convicções pessoais, recusando-se a submeter-se ao in-

---

[50] Ibidem, p. 87.

quérito policial militar, estaria favorecendo, ineludivelmente, esse terrível jogo, para o desdouro final da nossa escola. Ao aceitar, pois, a posição a aquém me vi reduzido, faço-o sob plena consciência de deveres intelectuais maiores, a que não posso fugir ou desmerecer. Todavia, esse procedimento não envolve transigência ou omissão. Como no passado, continuo e continuarei fiel às mesmas normas que sempre orientaram o meu labor intelectual, como professor, como pesquisador e como cientista.[51]

> Não existem dois caminhos na vida universitária e na investigação científica. A liberdade intelectual, a objetividade e o amor à verdade resumem os apanágios do universitário e do homem de ciências autênticos. Estamos permanentemente empenhados numa luta sem fim pelo aperfeiçoamento incessante da natureza humana, da civilização e da sociedade, o que nos leva a perquirir as formas mais eficientes para aumentar a capacidade de conhecimento do homem e para elevar sua faculdade de agir com crescente autonomia moral. Não desertei nem desertarei dessa luta, a única que confere à Universidade de São Paulo grandeza real, como agente de um processo histórico que tende a incluir o Brasil entre as nações democráticas de nossa era. Aproveito o ensejo para subscrever-me, atenciosamente, (ass.) Florestan Fernandes, professor da Cadeira de Sociologia I. Ao Exmo. Sr. Tenente-Coronel Bernardo Schonmann, encarregado do inquérito policial militar junto à Faculdade de Filosofia, Ciências e Letras da Universidade de São Paulo. Em mãos.[52]

Era a defesa intransigente do princípio da liberdade intelectual, base da pesquisa e ensino em uma universidade. Era a manifestação isolada de um dos mais importantes professores da instituição, que deveria ter contado, nesse momento, com a solidariedade da Congregação, significando, assim, uma posição coletiva. Como esta não foi tomada, coube a Florestan Fernandes defender corajosamente esse princípio. E essa tarefa ele a fez, correndo o risco de incorrer em maiores ódios dos novos governantes, sendo por isso encarcerado por decisão arbitrária.

---

[51] Ibidem, p. 87-87v.

[52] Ibidem, p. 87v.

A estranheza de Lívio Teixeira quanto à moção de apoio do diretor ao reitor Gama e Silva

O prosseguimento da sessão em que o professor Florestan Fernandes apresentou o texto de sua carta ao oficial encarregado do inquérito policial militar da Universidade de São Paulo ocorreu com o professor Lívio Teixeira pedindo explicações ao diretor Ferri e ao representante da Congregação da Faculdade de Filosofia junto ao Conselho Universitário, professor Eurípedes Simões de Paula, quanto à assinatura de moção de apoio ao reitor Gama e Silva. Esse documento referia-se ao artigo "Dedo-duro na Universidade", publicado pela *Folha de S.Paulo* a 26 de julho de 1964, deixando claro que o reitor estava envolvido em delações. Ao mesmo tempo, expôs a sua visão dos problemas referentes às prisões de professores e as dificuldades que estavam sendo encontradas por algumas cadeiras para o desempenho de suas atividades normais.

Esse professor recordou "ter sido afirmado que, por ideologia, ninguém teria cometido delito e não haveria motivo para inquérito", o que não foi verdadeiro, porque "a Comissão deteve-se em averiguações da ideologia dos professores", situação que acabou "criando um ambiente que não deveria existir na Universidade". Por isso, alegou ele não entender "como o sr. Presidente (da Congregação, o diretor Mário Guimarães Ferri) e o representante da Congregação assinaram um documento no qual se afirma que não há terrorismo cultural no meio universitário". Considerou ainda que "a moção aprovada revela uma tomada de posição política" e que "o Conselho Universitário, como órgão superior, não deveria adotar tal posição e nem pender para um lado ou para outro". Alegou ainda estranhar "que o professor Eurípedes Simões de Paula [...] e o sr. diretor tivessem assinado tal documento".[53]

A estranheza do professor Teixeira não era em nada absurda: não fazia sentido a Congregação abster-se de prestar solidariedade franca e aberta a colegas presos e de fazer a clara declaração de princípios em defesa da liberdade de cátedra e de pensamento, que estavam sendo inegavelmente colocados sob ameaça, com aquelas prisões que só tinham por justificativa a perseguição ideológica e, ao mesmo tempo, dar o seu aval a declarações que negavam taxativamente esse fato inegável. Igualmente, as críticas levantadas pela imprensa, endereçadas ao reitor, estavam bastante apoiadas na verdade, pois ao que tudo indicava, ele nada fazia para defender os colegas encarcerados pela ditadura.

---

[53] Intercalação nossa. TEIXEIRA, *Ata de reunião da Congregação da Faculdade de Filosofia, Ciências e Letras da Universidade de São Paulo*, 25 de setembro de 1964, p. 88.

Pouco tempo mais tarde ficou evidente que Gama e Silva não era somente omisso, pois agira com a mais ampla e inegável conivência com relação às delações que estavam colocando universitários sob suspeita e criando a intranquilidade. Lívio Teixeira entendeu ser incoerência da Congregação negar-se a uma manifestação de apoio aos seus docentes perseguidos e à liberdade acadêmica, alegando tratar-se esse comportamento de uma atitude política, e não recusar-se a tomar atitude política no tocante a prestar apoio ao reitor.

A atitude de Lívio Teixeira não era um fato isolado, uma vez que no Conselho Universitário ocorreu pronunciamento de igual teor, veiculado pelo professor Paulo Duarte, diretor do Instituto de Pré-História, que até aquele momento havia sido amigo pessoal do reitor, ainda que dele discordasse politicamente, mas julgou serem pertinentes as críticas que lhe foram feitas pela imprensa. Desse modo, Duarte negou-se a ser solidário com o reitor, o que valeu-lhe um feroz ódio e a perseguição, fatos que narrou, com minúcias, no livro *O processo dos rinocerontes*, em que está o artigo intitulado "Dedo-duro na Universidade", em que refere-se aos ataques sofridos pela instituição logo nos primeiros dias do Golpe, sob a forma de agressões a professores e alunos e às depredações generalizadas, não só por parte de policiais, como também de estudantes da Universidade Mackenzie. [54]

Duarte referiu-se ainda nessa crítica a muitos dos atentados que foram cometidos contra a cultura, alguns deles da mais absoluta falta de bom senso, como foi o caso duma representação encaminhada à Câmara dos Deputados, defendendo a retirada das Ciências Sociais do currículo universitário, como subversivas. Referiu-se, igualmente, às declarações feitas sobre a prisão do professor Isaías Raw, por seu carcereiro, coronel Enio Pinheiro, e testemunhadas pelos antigos reitores Ulhoa Cintra e Alípio Correia Neto e pelos professores Jaime Cavalcanti, Paulo Pompéia e Paulo Vanzolini, "esclarecendo que a prisão do professor se dera *a pedido de altas autoridades da Universidade de São Paulo*".[55]

A indagação de Lívio Teixeira foi respondida pelo professor Eurípedes, que afirmou ser a situação "extremamente delicada" e que "leu atentamente o documento antes de assinar" e o fez por entender que era "necessário dar apoio ao magnífico reitor, pois foram os senhores conselheiros que o elegeram e devem prestigiá-lo, no momento em que lhe são feitas severas críticas", de modo tal que "esse foi o seu ponto-de-vista e se merece censuras, que as apresentem". Alegou, ainda, que estava disposto a colocar à disposição o seu cargo de repre-

---

[54] DUARTE, Paulo. *O processo dos rinocerontes. (Razões de defesa e outras razões...)*. São Paulo: s. ed., 1967, p. 154 e ss.

[55] Grifos nossos. DUARTE, Paulo. *O processo dos rinocerontes. (Razões de defesa e outras razões...)*. São Paulo: s. ed., 1967, p. 161.

sentante. Foi secundado nessa argumentação pelo professor Ferri, que declarou que "todos têm conhecimento da moção de apoio, à qual assinou", e que "leu atentamente o documento antes de apor sua assinatura", o que fez porque "não viu em seus termos nenhuma afirmação que não devesse ser feita", uma vez que no seu entender, "muitas delas não diferem das do manifesto aprovado e publicado em nome da Congregação desta Faculdade". Após isso, fez considerações sobre alguns dos itens do documento que assinou, alegando que "só há um ponto discutível: se há ou não regime de terror no meio universitário". [56]

De fato, eram bastante estranháveis as alegações do diretor de que só um ponto da moção era discutível, a indagação sobre se haveria ou não clima de terror no meio universitário por motivos ideológicos, quando os fatos concretos estavam, a todo momento, a comprovar plenamente a sua veracidade. Além disso, não havia por que tratar esse assunto de tamanha importância como um simples item discutível e de segundo plano e não como real ameaça para a existência de uma verdadeira universidade. E os fatos vieram a demonstrar com bastante clareza o equívoco em que nesse momento incorreram o professor Eurípedes e outros docentes que não podiam ser considerados conservadores como Guimarães Ferri, que deram plena razão aos que não foram solidários com Gama e Silva, no que tocava à negação de colocar-se ao lado daquele reitor, quando de sua acusação de ser "dedo-duro".

Afirmou o diretor Ferri reconhecer que "nos primeiros dias da *revolução* houve, de fato, *certo clima de terror*, devido a *algumas prisões* e, também, pelo fato de se desconhecer os rumos que seriam seguidos", mas que "verificou-se, logo após, maior tranquilidade, uma vez que *não foram postos em prática tratamentos desumanos, nem coerção da liberdade*". Por isso, a moção dizia que "no momento, *não há clima de terror, o que é verdade*" e que "todos têm tido plena liberdade de exprimir seus pensamentos, *não entendendo o que se queira qualificar de clima de terror*". [57]

A grande contradição do diretor estava com relação aos fatos, ao negar-se a reconhecer que o arbítrio prosseguia, mesmo depois de passados os primeiros dias do Golpe, que não haviam ocorrido tratamentos desumanos e coerção e que havia total liberdade de expressão, pois se esta podia, de fato, ocorrer em reuniões da Congregação, não acontecia, entretanto, com toda a ampliação nacional que essa liberdade fundamental exige, para que o país possa ser considerado sob o estado de direito.

---

[56] SIMÕES DE PAULA e FERRI, *Ata de reunião da Congregação da Faculdade de Filosofia, Ciências e Letras da Universidade de São Paulo*, 25 de setembro de 1964, p. 88.

[57] Grifos nossos. FERRI, *Ata de reunião da Congregação da Faculdade de Filosofia, Ciências e Letras da Universidade de São Paulo*, 25 de setembro de 1964, p. 88-88v.

Prosseguindo em sua defesa do indefensável, o diretor Ferri alegou, quanto à sua solidariedade ao reitor Gama e Silva, que "não teve dúvidas em prestá-la, pois no momento em que certos órgãos da imprensa lhe fazem severas críticas, não poderia deixar de hipotecar-lhe apoio e solidariedade".[58]

A partir desse acontecimento, as posições de Ferri e de Eurípedes Simões de Paula começaram a divergir cada vez mais. Enquanto o diretor manteve-se, constantemente, ao lado do regime militar, o professor Eurípedes passou a assumir, a cada momento, posição mais discordante, ainda que cuidadosa.

A posição de Ferri foi apoiada pelos professores Crodowaldo Pavan, Querino Ribeiro e Paulo Sawaya, apesar de este último haver feito pronunciamento condenatório da prestação de depoimento do modo pelo qual estava ocorrendo. Ele entendia, sobre o assunto, que "como cidadãos, devemos depor perante uma comissão de inquérito", mas todavia, "como professores, os depoimentos deveriam ser feitos perante o reitor". Mas fez, a seguir, uma pergunta que deixou Ferri pouco à vontade, sobre "como veio a instalar-se nesta Faculdade o IPM" e ainda que "apesar de toda a cordialidade que vêm se revestindo os depoimentos, e enquanto perdurar o Ato Institucional (n. 1), devemos aceitar, mas não concordar com essas medidas".[59]

A resposta de Ferri foi de que "os IPMs foram instalados pelas autoridades federais competentes" e ainda que "encontrou-se no gabinete do magnífico reitor com o general que preside os IPMs junto à universidade, e este comunicou-lhe que nos próximos dias seriam iniciadas as investigações nesta Faculdade" e que todas "as medidas adotadas eram perfeitamente legais". Explicou ainda ter sido convocado pelo IPM e "prestou seu depoimento perante o sr. Tenente-coronel Bernando Schonmann", e nessa ocasião "foi-lhe perguntado se achava injurioso prestar depoimento no IPM", e que "em resposta, disse que não havia motivo para isso, pois os responsáveis pelo inquérito estavam legalmente autorizados para essas funções". Alegou ainda ter acrescentado "perante aquela autoridade que, pessoalmente, preferia que esses inquéritos não fossem instalados, mas desde que as autoridades superiores assim decidiram, não lhe cabia discutir a medida".[60]

Era fundamental, para a defesa da liberdade da Faculdade de Filosofia, que o diretor não se prestasse a tamanha complacência, aceitando pacificamente a prestar o seu depoimento. Nesse ponto, a participação de Florestan Fernandes diferiu radicalmente da sua, primando pela dignidade e independência,

---

[58] FERRI, *Ata de reunião da Congregação da Faculdade de Filosofia, Ciências e Letras da Universidade de São Paulo*, 25 de setembro de 1964, p. 88v.

[59] Intercalação nossa, SAWAYA, *Ata de reunião da Congregação da Faculdade de Filosofia, Ciências e Letras da Universidade de São Paulo*, 25 de setembro de 1964, p. 88v.-89.

[60] FERRI, *Ata de reunião da Congregação da Faculdade de Filosofia, Ciências e Letras da Universidade de São Paulo*, 25 de setembro de 1964, p. 89.

depondo sob protesto, por tratar-se de efeito de ato de força, mas não concordando com o fato, tal como o atesta a carta entregue por aquele catedrático ao oficial responsável pelo citado inquérito policial militar.

Contra essa medida – a instalação desse inquérito policial militar, com a plena concordância do diretor de uma faculdade da principal universidade brasileira – pronunciou-se o professor Florestan Fernandes, ao indagar daquela autoridade universitária se não teria sido o caso de "convocar a Congregação e consultar os professores sobre o assunto", ao que o diretor respondeu alegando "que não viu necessidade, pois a determinação estava amparada em lei", mas que "se o senhor professor não tivesse concordado com a sua decisão, poderia ter reunido assinaturas de um terço dos membros da Congregação para que, então, esta fosse consultada a respeito". Nesse momento, recebeu o diretor a plena e total solidariedade do professor Aroldo de Azevedo, que alegou que "se estivesse no Conselho Universitário na ocasião em que foi apresentada a moção de solidariedade ao reitor, a teria subscrito integralmente".[61]

Porchat apresenta texto de manifesto protestando contra as humilhações à Universidade

Na qualidade de representante dos assistentes, o professor Oswaldo Porchat levou ao conhecimento da Congregação o texto de um manifesto, assinado por mais de cem personalidades, todas professores assistentes da instituição, e solicitou sua transcrição em ata. Pediu a todos que não vissem esse documento com conotação política, porque seus signatários eram pessoas das mais variadas posições, no que tocava às ideologias por elas seguidas e que em comum possuíam, especialmente, a posição de defesa da liberdade de ensino e de opinião que deve reger a vida universitária.

O documento em questão é bastante respeitoso e dirigido às altas direções da Universidade e está exposto nos termos seguintes: "Manifesto de apelo às Autoridades Universitárias. Os professores assistentes da Faculdade de Filosofia, Ciências e Letras, abaixo-assinados, por entenderem que se faz mais do que nunca necessário salvaguardar e preservar as liberdades universitárias; porque sabem indispensável ao exercício normal de suas funções a plena e integral liberdade de pesquisa e opinião; por conhecerem a realidade do ensino superior que em nossa faculdade se ministra e onde não encontram guarida a propaganda ideológica e o

---

[61] FERNANDES, FERRI e AZEVEDO, *Ata de reunião da Congregação da Faculdade de Filosofia, Ciências e Letras da Universidade de São Paulo*, 25 de setembro de 1964, p. 89.

proselitismo político; porque só concebem a vida universitária se posta ao abrigo de toda influência, pressão ou ingerência externa de quaisquer origens, julgam de seu inadiável dever de professores protestar energicamente contra as humilhações que atualmente se infringe aos docentes da Universidade".[62]

"Uma comissão de três professores prestou-se à estranha tarefa de indigitar seus colegas, antes de ouvi-los, dando ensejo a que as conclusões dessa comissão fossem utilizadas pelos inquéritos policiais militares em nossas Faculdades; interrogam-se professores sobre suas preferências ideológicas e opiniões políticas; impõem-lhes o vexame de submetê-los a sabatina sobre os símbolos nacionais; prendem-se os que ousam protestar contra esse estado de coisas".[63]

A questão referente à sabatina sobre os símbolos nacionais referia-se ao idoso professor João Cruz Costa, homem de dignidade pessoal acima de qualquer suspeita, que foi inquirido sobre se sabia cantar o Hino Nacional e, tendo respondido afirmativamente, foi então instado a fazê-lo, para demonstrar o seu conhecimento. Nessa ocasião, o professor Cruz Costa alegou estar disposto a cantar o Hino se o tenente-coronel Bernardo Schormann se dispusesse a fazer o acompanhamento. Essa exigência era das mais ridículas com relação a Cruz Costa, que em sua longa carreira docente de professor de Filosofia, sempre procurou voltar os interesses de seus alunos para os estudos sobre a adequação ou não ao Brasil de diferentes ideias nascidas em sistemas filosóficos estrangeiros, e na constante crítica ao transoceanismo, a atitude de deslumbramento e de extrema subserviência aos modelos estrangeiros de pensar, quando desvinculados da realidade nacional.

"Porque a dignidade não pode desse modo amesquinhar-se, apelamos aos docentes de toda a Universidade, especialmente ao magnífico reitor e à egrégia Congregação da Faculdade de Filosofia, para que ergam suas vozes em defesa de nosso patrimônio de cultura e trabalho. Nossos alunos merecem que ponhamos fim a um silêncio que corre o risco de converter-se em pusilanimidade".[64]

Os assistentes, assim, estavam exigindo da Congregação e do reitor uma posição corajosa em defesa da liberdade da instituição universitária. Quanto à Congregação, o seu apelo não cairia totalmente no vazio, uma vez que havia entre seus membros elementos corajosos e lúcidos para entender a importância de não abaixar a cabeça com relação aos militares no poder. Já quanto ao reitor e aos homens que o cercavam, essa esperança era totalmente inviável e o apelo a tais pessoas constante do manifesto dos assistentes, com toda certeza, foi feito por motivos táticos; era necessário que houvesse um documento demonstrando

---

[62] *Ata de reunião da Congregação da Faculdade de Filosofia, Ciências e Letras da Universidade de São Paulo*, 25 de setembro de 1964, p. 89v.

[63] Idem.

[64] Ibidem, p. 89v.- 90.

ter sido feita essa exortação à defesa da dignidade universitária ao supremo dirigente da instituição, para que pudessem, posteriormente, deixar claro que não haviam deixado de procurá-lo e que havia sido o reitor o elemento omisso.

Como representante dos signatários – os professores assistentes –, Porchat julgou ser bastante recomendável enfatizar a importância do documento que apresentou, deixando muito claro que "é o desejo de todos os signatários que a Faculdade não seja atingida por um crime contra a liberdade universitária", e fez um apelo "para que a Congregação os defenda e não permita, por omissão, que o país caminhe para uma situação onde a palavra não tem sentido".[65]

A posição defendida pelos assistentes, no documento entregue à Congregação, e por seu representante naquele colegiado, professor Oswaldo Porchat, se não podia ser considerada extremista, nas próprias palavras expressas por aquele porta-voz, uma vez que veiculava uma posição única tomada por elementos das mais variadas posições pessoais, no que tocava às diversas opiniões políticas, e que era, entretanto, suficientemente enérgica no que dizia respeito ao principal assunto em questão, a defesa das liberdades de cátedra e de opinião, e manifestava sua repulsa por atitudes de perseguição pessoal.

E, sobretudo, o documento colocava em questão um dos aspectos mais profundamente antiéticos de toda a história da Universidade de São Paulo, a atitude que vinha sendo desenvolvida pela comissão de três professores, os catedráticos Teodureto Faria de Arruda Souto, Jerônimo Geraldo de Campos Freyre e Moacyr Amaral dos Santos.

O manifesto foi aceito sem grandes críticas, até mesmo por parte de professores que haviam se manifestado contra a tomada de uma posição oficial por parte da Faculdade, ou que manifestavam opiniões moderadas. Tais foram os casos dos professores Querino Ribeiro e Crodowaldo Pavan, o primeiro aceitando-o integralmente e o segundo, alegando que "após algumas alterações feitas aceita o documento e as explicações que forem dadas". Mas nesse mesmo momento, o professor Porchat, que havia agido como porta-voz dos assistentes, o qual declarou que "depois dos recentes pronunciamentos do magnífico reitor e do Conselho Universitário, não vê razão para o encaminhamento do manifesto a ele e ao Conselho, sendo bastante a sua transcrição em ata".[66]

Evidentemente, com as atitudes que Gama e Silva adotou em todo o tempo em que esteve à frente da Reitoria, não fazia sentido enviar-lhe qualquer satisfação quanto às manifestações dos assistentes. E se já não bastasse a cola-

---

[65] PORCHAT, *Ata de reunião da Congregação da Faculdade de Filosofia, Ciências e Letras da Universidade de São Paulo*, 25 de setembro de 1964, p. 90.
[66] PAVAN e PORCHAT, *Ata de reunião da Congregação da Faculdade de Filosofia, Ciências e Letras da Universidade de São Paulo*, 25 de setembro de 1964, p. 90.

boração desse reitor com os órgãos de repressão, como a que prestou quando do inquérito policial militar dirigido pelo tenente-coronel Bernardo Schormann, no ano seguinte ele iria apoiar os professores que deram início ao muito rumoroso – e extremamente ridículo – processo contra o professor Paulo Duarte.

De fato, a 25 de maio de 1965 tinha início a tentativa de achincalhar o altivo e corajoso professor, já bastante idoso e em vias de aposentar-se, e que encarregou-se de desmantelar a inábil medida, o que narra, minuciosamente, em seu livro *O processo dos rinocerontes*, em que deu contas do disparate em que incorreram Gama e Silva, Buzaid e outros de seus adeptos.

E a cumplicidade desse reitor com a ditadura não iria permanecer nesse ponto: ele aceitou ser o ministro da Justiça de Costa e Silva e, nessa qualidade, redigiu o Ato Institucional n. 5 e elaborou as listas de aposentadorias forçadas com que a Universidade de São Paulo foi punida, ao lado de outras instituições de ensino superior.

A primeira dessas listas foi a que, no meio de vários funcionários federais, aposentou a 20 de dezembro de 1968 os professores Florestan Fernandes, Jaime Tiomno e Villanova Artigas, medida das mais odiosas, uma vez que num mero erro formal cometido pelos responsáveis pelo ato, estava evidenciado o caráter de perseguição pessoal, que deixava bem claro que os três professores em questão eram, de fato, homens marcados. Realmente, ao fazerem a lista de pessoas que seriam aposentadas compulsoriamente, os perseguidores declararam tratar-se de funcionários federais, mas incluíram os nomes dos três docentes em questão, o que mostra que havia a grande preocupação em eliminá-los dos quadros da Universidade, fosse pelo processo que fosse, e assim agiram, colocando-os de contrapeso numa lista de perseguições a elementos de outras entidades universitárias e de pesquisa.

O reitor Gama e Silva, licenciado para exercer o cargo de ministro da Justiça, teve papel de destaque na elaboração das duas listas de aposentadorias forçadas, sendo que a segunda foi publicada a 29 de abril de 1969, e cuja base jurídica – ou melhor, antijurídica – era o Ato Institucional n. 5. Foi a leva de punições que vitimou especialmente a Universidade de São Paulo, ainda que incluísse essa lista de nomes seis elementos que não faziam parte de seu quadro. Eram os punidos Alberto de Carvalho da Silva, Bento Prado Almeida Ferraz Jr., Caio Prado Jr., Elza Salvatori Berquó, Emilia Viotti da Costa, Fernando Henrique Cardoso, o reitor Hélio Lourenço de Oliveira, Isaías Raw, Jean-Claude Bernardet, Jon Androni Vergareche Maitrejean, José Arthur Gianotti, Júlio Puddles, Luis Hildebrando Pereira da Silva, Luiz Rey, Mário Schenberg, Octavio Ianni, Paulo Mendes da Rocha, Olga Baeta Henriques, Paula Beiguelman, Paulo Alpheu Monteiro Duarte, Paul Israel Singer, Pedro Calil Padis, Reynaldo Chiaverini e Sebastião Baeta Henriques.[67]

---

[67] Adusp, 1979, p. 40-1.

Por tais motivos, percebe-se claramente que o professor Oswaldo Porchat estava com toda razão, ao não querer perder tempo encaminhando o documento de protesto a Gama e Silva.

A ocupação da Faculdade de Filosofia e o confronto com os mackenzistas: a rua Maria Antônia torna-se o palco mais importante dos protestos estudantis

Os acontecimentos que se deram na Faculdade de Filosofia a partir do governo Costa e Silva, no decorrer de um aparente abrandamento do regime, acabaram levando a posições bastante radicais os setores opostos que disputavam o poder no interior da Universidade. O reitor Gama e Silva havia sido eleito com o apoio dos que haviam sido partidários de seu antecessor Ulhoa Cintra, o reitor renovador, por entenderem que só com amplo respaldo esse professor conservador poderia exercer a função. Entretanto, com o Golpe de 1964 e mais o triunfo de Costa e Silva na disputa pelo Ministério da Guerra, quando este conseguiu impor-se a Castelo Branco, fez com que o reitor começasse a se desvincular dos compromissos que até então havia sido forçado a respeitar. Começou, assim, a fazer da Reitoria da Universidade de São Paulo o trampolim para um cargo dos mais elevados na política nacional. Conseguiu esse objetivo ao ser nomeado ministro da Justiça, quando seu amigo Costa e Silva tornou-se o presidente.

Passou, então, a manobrar a fim de deixar na Reitoria um nome que fosse de sua confiança, não sendo bem-sucedido inicialmente, porque o governador Abreu Sodré não tinha um grande apreço por ele e preferiu nomear vice-reitor – e então, seu substituto – o professor Mário Guimarães Ferri, que apesar de conservador e de haver manifestado em 1964 seu apoio a Gama e Silva, estava há algum tempo de relações estremecidas como ele, quando de sua ida para o Ministério.

A ocupação da faculdade, elemento de pressão para conseguir a validade da Comissão Partidária

No mês de agosto de 1968 travou-se uma grande luta no interior da Universidade de São Paulo, envolvendo os estudantes e os professores que eram mais favoráveis às suas posições, e os professores de tendência conservadora. O motivo do embate em questão foram as reivindicações estudantis de participação da gestão universitária, em comissão paritária, com poderes deliberativos, mais que simplesmente atribuições consultivas.

Como as reivindicações estudantis não estavam sendo respondidas a contento, nem qualquer justificativa aceitável levada à mesa, os universitários acabaram optando por um meio radical de pressão e ocuparam os prédios da Faculdade de Filosofia da rua Maria Antônia, então o centro mais dinâmico da atividade estudantil, apesar de nesse recinto estarem localizados, no momento, apenas os cursos de Ciências Sociais, Psicologia e Letras, pois os de História, Geografia, Matemática, Física, Química e História Natural já estavam na Cidade Universitária, e o de Geologia localizava-se no bairro dos Campos Elíseos.

Convém recordar que as obras no campus da Cidade Universitária ainda estavam bastante incompletas, com vários de seus prédios em construção, ou ainda apenas planejados, nas plantas dos arquitetos.

A ocupação não ocorreu apenas por conta dos estudantes da Faculdade de Filosofia – ainda que eles fossem os elementos majoritários –, uma vez que havia entre os ocupantes alunos de outras unidades da Universidade de São Paulo e até de outras instituições, como a Pontifícia Universidade Católica de São Paulo, nessa ocasião muito relacionados com os estudantes da rua Maria Antônia, em virtude das diversas tendências em que se dividia o movimento estudantil; havia os da Escola de Sociologia e Política, localizada num local bem próximo, na rua General Jardim, e os da Faculdade de Economia da Universidade de São Paulo, sediada em edifício da rua Doutor Vila Nova, e cujos fundos comunicavam-se com os prédios de Filosofia. Igualmente ficava perto a sede da Faculdade de Arquitetura e Urbanismo.

A reunião da Congregação que foi realizada no dia 9 de agosto de 1968 tratou dessa ocupação, entre outros assuntos, sendo exatamente esse o item 7 da ordem do dia da pauta da sessão. A fala do presidente dessa reunião deu conta de que a ocupação do prédio, especialmente das salas de aula, criava uma situação que impedia as atividades docentes. Comunicou aos presentes que em conformidade com o Conselho Técnico-Administrativo, pediu à Consultoria Jurídica da Reitoria todas as informações necessárias quanto às medidas judiciais pertinentes, para que os prédios fossem desocupados imediatamente.

Quanto a um dos motivos da ocupação, a reformulação dos currículos, o professor José Cavalcanti de Souza, um dos professores integrantes da Comissão Paritária encarregada dessa tarefa, realizada conjuntamente com os delegados eleitos pelos alunos, comunicou que os trabalhos vinham se realizando normalmente e que, apesar da ocupação, "os alunos estão decididos a manterem esse trabalho". Por isso, ele manifestou-se afirmando que "a Faculdade e a Congregação deveriam acompanhar mais de perto as atividades da referida Comissão, como também das suas subcomissões" e que era de extrema importância "verificar até que ponto há interesse da Congregação nessas reformas e pensar nas medidas a serem adotadas em instâncias superiores, a fim de que essas démarches possam surtir algum efeito positivo", pois somente dessa maneira "os estudantes poderão sentir o interesse dos órgãos administrativos da Faculdade em estudar esse problema".[68]

As posições conservadoras aparecem com maior clareza perante a ocupação dos prédios da Maria Antônia

A medida sugerida pelo professor Cavalcanti assim foi discutida pelo presidente da sessão, que ressaltou o fato de que os estudantes pretendiam a transformação da comissão paritária em deliberativa, enquanto era apenas consultiva, e que desse modo, nenhuma resolução poderia ser aceita e nenhuma sugestão que lhe fosse encaminhada por intermédio dos órgãos competentes poderia ser apreciada. Mas os assuntos que realmente estavam no momento sendo as suas maiores preocupações eram os que se referiam à ocupação dos prédios da rua Maria Antônia, para o que solicitou a manifestação dos presentes, lembrando que várias promessas de desocupação já haviam sido feitas, sem resultados.

Esse era um dos temas mais graves do momento, pois os alunos faziam questão de que as comissões paritárias fossem mais que mera instância consultiva; queriam que tivessem poderes deliberativos.

O professor Florestan Fernandes falou em primeiro lugar, alegando, quanto à ocupação do recinto, "discordar da atitude dos estudantes, mas teve conhecimento de que estes deixariam os prédios", de modo que era "de opinião que se deva aguardar esta decisão e evitar medidas mais enérgicas". Já quanto à reestruturação da Universidade, ele afirmou que "nada deverá ser aprovado sem que as Congregações das diversas Faculdades discutam o assunto".[69]

Como a principal preocupação dos administradores universitários era com a desocupação da Faculdade e a retomada imediata das aulas, o presidente destacou que o Conselho Técnico-Administrativo havia determinado o prosseguimento das medidas judiciais e que a direção tinha um compromisso perante os professores em possibilitar a realização das aulas, sendo que no momento cabia à Congregação decidir sobre as medidas que fossem julgadas necessárias para a normalização das atividades.

---

[68] CAVALCANTI DE SOUZA, *Ata de reunião da Congregação da Faculdade de Filosofia, Ciências e Letras da Universidade de São Paulo,* 9 de agosto de 1968, p. 42.
[69] FERNANDES, *Ata de reunião da Congregação da Faculdade de Filosofia, Ciências e Letras da Universidade de São Paulo,* 9 de agosto de 1968, p. 42-43.

Os debates sobre o tema, quanto a esse aspecto, foram dos mais desencontrados, devido às posições divergentes. O professor Manuel Nunes Dias, catedrático de História da América e elemento dos mais conservadores da Congregação, colocou-se, imediatamente, ao lado das decisões mais rígidas do Conselho Técnico-Administrativo, ressaltando, então, que "vários ocupantes não são alunos da Faculdade e mesmo assim, diante dessa situação, continuamos a protelar as decisões" e ainda, indagou se "essa *atitude de complacência* deve perdurar", porque "não pensa nos alunos ocupantes, mas na maioria dos outros, que desejam estudar e assistir às aulas". Assim, "a Congregação deve ter a coragem de decidir e não se deixar envolver por uma *minoria ativista*", entendendo ele ainda que "se professores desejarem dar créditos aos alunos, poderão fazê-lo, *mas não com a sua conivência*" [70].

O professor Nunes Dias, nesse momento, estava repetindo o surrado chavão que há muito vinha sendo utilizado pelas direitas, subjacente ao seu raciocínio, de que os estudantes dividiam-se em suas categorias, os baderneiros e os verdadeiros estudantes, cabendo à primeira todos aqueles que se preocupassem com o momento político nacional, com as reformas políticas, sociais e econômicas necessárias, com os temas da reforma universitária, e à segunda os que aceitavam passivamente o *status quo* e limitavam-se aos estudos e à mera frequência às aulas, evitando interessar-se até pelos temas relativos à participação universitária nas questões relativas à reforma universitária, que era tema dos mais claros e evidente interesse geral. Nesse momento, aquele professor não levou em conta que a grande maioria dos estudantes da Faculdade estava apoiando a ocupação e que não havia manifestações em sentido contrário, por parte do corpo discente. Sua atitude era de intransigência por não aceitar a participação discente e por isso entendia ser conivência a compreensão do teor das reinvindicações estudantis, e complacência a atitude moderada que foi mantida. Igualmente, incorria ele no costume das direitas de desqualificar os oponentes, dividindo os atuantes entre as categorias minoria ativista e a massa de manobra, os inocentes úteis, contrapostos aos verdadeiros estudantes.

As palavras de Nunes Dias foram respondidas pelo professor José Arthur Gianotti, da cadeira de Filosofia, que declarou então "que a Congregação nunca cedeu, mas sim, tem evitado tomar posições que poderiam levar a um completo desentendimento com os alunos, truncando as possibilidades de diálogo". Quanto à ocupação dos prédios, disse que "o movimento está se esvaziando", motivo pelo qual era mais prudente deixar que se esgotasse de vez, e caso contrário, que "se a Congregação determinar medidas de força, cairá no vácuo, pois separará

---

[70] Grifos nossos. NUNES DIAS, *Ata de reunião da Congregação da Faculdade de Filosofia, Ciências e Letras da Universidade de São Paulo*, 09 de agosto de 1968, p. 43.

professores catedráticos dos demais docentes". Esse isolamento foi criticado por outro professor, do curso de Física, Jaime Tiomno, que enfatizou a importância de que "se tente alguma coisa no sentido de que os problemas discutidos sejam levados aos professores dos Departamentos e depois aos estudantes".[71]

Seu temor era que essa separação, já por si só, um fato bastante acentuado e danoso, acabasse por se tornar irreversível. A esse temor, por ele manifestado, havia ainda outro aspecto, o do afastamento dos alunos de qualquer diálogo que pudesse ser realmente frutífero, um fato que somente iria contribuir para a radicalização dos estudantes, com o que poderiam ocorrer consequências totalmente imprevisíveis.

O diálogo foi também defendido pelo professor Rui Coelho, da cadeira de Sociologia, recomendando "que se procure uma posição conciliatória e se espere mais alguns dias, antes da adoção de medidas judiciais".[72]

Ficou acertado que a Congregação iria esperar até a manhã de quarta-feira seguinte, aguardando a desocupação, para só então tomar qualquer providência judicial. Outra medida foi levada à votação, propondo que se até a data fixada não ocorresse a desocupação, a Comissão Paritária deixaria de ser elemento da Congregação. Essa segunda proposta foi aprovada com as abstenções dos professores Lindo Fava, José Arthur Gianotti e Octavio Ianni, e mais os votos contrários de Florestan Fernandes e Bento Prado Jr.

Era, portanto, um ponto de confronto entre os professores de tendência mais conservadora e os setores renovadores da Faculdade, que desejavam mais ampla participação do corpo discente e de toda a comunidade interessada no processo de reestruturação universitária. Esse direito, hoje aceito pacificamente, era na ocasião um tema dos mais polêmicos, que assumia aspecto de verdadeira subversão diante dos olhos dos elementos mais conservadores.

O ataque mackenzista aos prédios da Faculdade de Filosofia: assassinato, incêndio e a total complacência da polícia

No dia 3 de outubro de 1968, vários estudantes secundaristas que se encontravam em São Paulo para um congresso da categoria realizaram um pedágio nas proximidades da rua Maria Antônia, com a finalidade de arrecadar recursos, para retornarem às suas cidades. Como a rua Maria Antônia estivesse interditada por

---

[71] GIANOTTI e TIOMNO, *Ata de reunião da Congregação da Faculdade de Filosofia, Ciências e Letras da Universidade de São Paulo*, 9 de agosto de 1968, p. 43.

[72] COELHO, *Ata de reunião da Congregação da Faculdade de Filosofia, Ciências e Letras da Universidade de São Paulo*, 9 de agosto de 1968, p. 43.

uma barricada feita pelos da Faculdade de Filosofia, temerosos de um confronto com os setores da direita, a coleta de dinheiro realizava-se principalmente na via pela qual transitavam os veículos, a rua Itambé, transversal à Maria Antônia, e onde se localiza uma das entradas da Universidade Mackenzie.

Esses secundaristas eram elementos bastante politizados, que militavam na sua associação e procuravam estabelecer vinculações com as diversas alas do movimento universitário, notadamente com suas diretorias das uniões estaduais de estudantes, setores pelos quais começou a luta pela reorganização da UNE-União Nacional dos Estudantes, nos anos que se seguiram ao Golpe.

Os secundaristas haviam recebido já algum auxílio dos universitários da Faculdade de Filosofia e dos motoristas que trafegavam pela Itambé, quando foram agredidos fisicamente por estudantes do Mackenzie, muitos deles integrantes do CCC-Comando de Caça aos Comunistas e de outras entidades do gênero, que abundavam naquela instituição. Os estudantes universitários da Faculdade de Filosofia tomaram então a defesa dos secundaristas e começou o conflito entre as duas fações, inicialmente a pedradas.

Na época, o Mackenzie era o ponto em que ocorria a mais ampla concentração de estudantes universitários direitistas, seja por sua origem, nas camadas sociais mais favorecidas, a burguesia e a classe média alta, seja porque havia um bom número de estudantes de Direito daquela instituição que pertencia aos quadros da polícia civil e desejava o cargo de delegado, para o que se faz necessário bacharelado em Direito. Daí haver uma clara preponderância a opiniões direitistas na Universidade Mackenzie, um predomínio que não se limitava às opiniões, mas fornecia aos órgãos de polícia política os agentes informais para a espionagem e para as atividades de que os poderes públicos não dissessem participar diretamente, como tumultuar as eleições estudantis, sejam as que estavam reconhecidas, como era o grêmio legalmente aceito, seja para as destinadas à escolha de diretores para as entidades proscritas, a UNE e a UEE.

Esta última, aliás, estava então cindida em duas facções inconciliáveis e que mutuamente se recusavam, não havendo meio de fazer com que aceitasse uma qualquer legitimidade da outra. Uma delas era presidida por José Dirceu, estudante de Direito da Pontifícia Universidade Católica de São Paulo e a segunda por Catarina Melloni, estudante de Letras da Faculdade de Filosofia, Ciências e Letras da Universidade de São Paulo.

Como exemplo de aluno direitista do Mackenzie pertencente aos quadros policiais cabe citar o nome do conhecido delegado e torturador do Dops Raul Nogueira Lima, o Raul Careca, cuja presença na rua Maria Antônia era aberta e quotidiana, e que acabou desaparecendo do cenário policial no decorrer da década de 1970, após cometer em plena rua o assassinato de um jovem soldado do II Exército, por motivo torpe, razão pela qual foi condenado à prisão.

O conflito impediu a reunião da Congregação e resultou em um assassinato

O conflito em questão começou por volta das onze horas da manhã e prosseguiu por toda a tarde. Nesse meio tempo, realizava-se uma sessão da Congregação da Faculdade de Filosofia, presidida pelo professor Eurípedes Simões de Paula, na qualidade de membro mais antigo do Conselho Técnico-Administrativo exercendo a Diretoria. Era a terceira convocação, uma vez que nas duas anteriores o comparecimento dos membros daquele colegiado não dava *quórum*. A sessão foi curta, pois logo na abertura dos trabalhos chegou ao professor Eurípedes a comunicação de que os estudantes do Mackenzie estavam atirando pedras e bombas Molotov nos prédios da Faculdade, e realizando disparos de rajadas de metralhadora contra o quarto andar do edifício central.

Além desses meios de ataque, os estudantes do Mackenzie utilizaram-se de ácidos retirados do seu laboratório de Química – o mesmo que fornecia os ingredientes para o preparo das bombas Molotov – para atingir os universitários da Faculdade de Filosofia. Os atingidos tiveram que ser socorridos por colegas, que levaram-nos para o Hospital das Clínicas, onde foram medicados no setor de queimados e puderam deixar o recinto por uma porta não vigiada, uma vez que havia policiais à sua espera, para encaminhá-los ao Dops. Como deram nomes falsos e alegaram estar sem documentos, que teriam perdido no decorrer do "acidente" que os vitimou no "laboratório de Química", durante uma "aula", todos eles puderam escapar da prisão. Esse cuidado foi, sem dúvida, extremamente importante, pois sabiam que se por uma parte os policiais não iriam fazer qualquer inquérito com relação aos agressores mackenzistas, não iriam deixar escapar os uspianos, caso pudessem pegá-los.

O professor Eurípedes considerou os perigos que ameaçavam os estudantes e declarou estar ciente de que "policiais da Guarda Civil, no recinto daquela universidade, assistem impassíveis o ataque dos estudantes mackenzistas à nossa faculdade" e propôs imediatamente que a Congregação se considerasse em sessão permanente, adiando os trabalhos regulares para o dia seguinte, com a finalidade de que "os senhores professores possam ir à rua Maria Antônia tomar conhecimento das ocorrências".[73]

Entretanto, o conflito não limitou-se às pedradas e tiros contra as paredes. No dia 4, um estudante secundarista de nome José Guimarães, que fazia parte do grupo que se mantinha mobilizado, foi atingido a bala e morreu praticamente na

---

[73] SIMÕES DE PAULA, *Ata de reunião da Congregação da Faculdade de Filosofia, Ciências e Letras da Universidade de São Paulo,* 3 de outubro de 1968, p. 58.

mesma hora. Nunca foi feito qualquer esforço policial para descobrir quem era o autor do disparo, feito a esmo, que atingiu aleatoriamente o jovem.

A reunião do dia seguinte teve como assunto principal os graves acontecimentos citados, o conflito entre os dois grupos, de que o assassinato de Guimarães havia sido o ponto mais grave. Antevendo o prosseguimento das hostilidades, vários oradores apresentaram sugestões no sentido de que as aulas fossem imediatamente transferidas para a Cidade Universitária, para o que deveriam ser feitos apelos aos diversos cursos já instalados nesse campus, para que cedessem espaços para os que para lá se dirigissem, de acordo com a proposta dos professores favoráveis a essa ideia, que somente viam na solução pacífica do estado de tensão com essa medida extrema.

Os termos da moção de protesto da Congregação contra a direita mackenzista

A Congregação da Faculdade de Filosofia, com os acontecimentos, teve que tomar uma atitude, saindo então de sua posição oficialmente omissa – em que pese a coragem dos professores e demais membros que desde a ocorrência do Golpe de 1964 aceitaram manifestar-se com relação aos atentados que a instituição vinha sofrendo – e aprovou um documento, o mais enérgico, até então, por ela emitido, desde a instalação dos militares no poder.

O teor do comunicado em questão foi bastante enfático, portanto, sugerindo, mesmo, que entre os agressores não havia apenas estudantes daquela universidade vizinha e rival, bem como que muito possivelmente não havia sido fruto de explosão espontânea, e sim, ato deliberado e planejado.

"A Congregação da Faculdade de Filosofia, Ciências e Letras da Universidade de São Paulo e os abaixo-assinados, docentes da mesma Faculdade, vêm a público denunciar e protestar com energia contra a agressão inominável de que foram alvo os dois prédios da rua Maria Antônia, por parte de estudantes da Universidade Mackenzie, e quem sabe outros elementos, solidamente entrincheirados no edifício fronteiriço. Trata-se, sem dúvida, de *ato longamente premeditado e cuidadosamente preparado*, com emprego maciço de *explosivos, bombas de gás, tiros de revólver, rajadas de metralhadora e pedras.*"[74]

"A esse propósito, é muito estranhável que *estudantes tenham podido acumular semelhante aparato bélico*, usado *de modo sistemático*, parecendo

---

[74] Grifos nossos, *Ata de reunião da Congregação da Faculdade de Filosofia, Ciências e Letras da Universidade de São Paulo*, 4 de outubro de 1968, p. 59.

envolver *medidas de logística militar*. Igualmente estranhável foi a *complacência visível da polícia*, que desde as primeiras horas da manhã se encontrava no terreno da Universidade Mackenzie, em atitude de guarda, ao lado dos agressores, assim permanecendo durante o tempo que durou a agressão, do mesmo modo que outros contingentes, que vieram postar-se nas ruas próximas."[75]

"Não é possível ainda calcular os danos causados, sendo certos a morte de um estudante secundário e ferimentos em vários alunos nossos, atingidos por balas, pedras e ácidos, quando revidavam na medida de suas pequenas possibilidades de defesa. A opinião pública poderá formar uma ideia do verdadeiro arsenal utilizado, bem como *da violência e intensidade do ataque, se souber que o mesmo durou, de modo quase ininterrupto, das onze às vinte e umas horas; e mesmo quando, pela altura das dezenove horas, nossos alunos abandonaram os prédios e estes ficaram vazios, continuou o arremesso de bombas, com o intuito visível de fazê-los arder.*"[76]

"Manifestaram-se, aliás, diversos começos de incêndio, felizmente extintos graças à bravura e abnegação do *pequeno contingente de bombeiros que acabaram, eles próprios, vítimas de agressão*. Nessa primeira manifestação pública, os abaixo-assinados querem protestar contra a *referida passividade da força policial que, montando guarda, garantiu de certo modo a ação dos autores de uma das agressões mais brutais de que há notícia na história da cidade.*"[77]

Esse pronunciamento oficial foi levado, entre outros destinatários, à reitora da Universidade Mackenzie, que era a professora Esther de Figueiredo Ferraz, pessoa extremamente ligada à direita e protetora dos agressores da Faculdade de Filosofia, apesar de ser irmã de um dos mais ilustres docentes da Universidade de São Paulo, o professor José Carlos de Figueiredo Ferraz, da Escola Politécnica, e que veio a ser um dos mais operosos prefeitos nomeados de São Paulo, durante o governo Laudo Natel, sucedendo a Paulo Salim Maluf. Quando do protesto dos professores da Universidade de São Paulo, a reitora Esther de Figueiredo Ferraz foi autora de menções bastante ofensivas, atacando nominalmente a vários, entre eles o professor Antonio Candido, pessoa moralmente inatacável.

---

[75] Idem.
[76] Idem.
[77] Idem.

A ação policial: prender o professor Bento Prado quando tentava retirar os estudantes

A passividade policial limitou-se a assistir aos atos de agressão dos mackenzistas, mas não manifestou-se com o mesmo comportamento, em relação ao outro lado, a Universidade de São Paulo. Assim pode ser considerado, porque o professor Bento Prado Jr. foi detido quando procurava convencer os estudantes da Faculdade de Filosofia a deixarem o edifício e sofreu espancamento, mesmo após haver se identificado como professor. Junto com esse docente manifestou-se outro membro daquela Congregação, o professor José Arthur Gianotti, que enfatizou "a inércia da polícia que livremente permitiu que a Faculdade fosse agredida" e que, tal como os fatos se verificaram, "conclui-se que havia um plano, adrede preparado, para destruir a Faculdade de Filosofia", motivo pelo qual "devemos protestar energicamente junto aos órgãos competentes e, principalmente, quanto à atuação da polícia".[78]

A última fala dessa sessão coube ao professor Fernando Henrique Cardoso, que sugeriu a solicitação de uma Comissão Parlamentar de Inquérito, por parte da Congregação, com a finalidade de que se apurassem os fatos.

A ideia do professor Fernando Henrique era bastante justificável, uma vez que somente na Assembleia Legislativa do Estado era possível esperar-se a presença de alguns elementos de boa vontade que se dispusessem a investigar o problema, considerando que dos órgãos policiais nada poderia ser esperado.

Antes de suspender a sessão, o professor Eurípedes Simões de Paula, seu presidente, fez a sugestão, aceita sem discussões, para que se formassem três comissões de professores, devendo uma delas procurar o reitor, outra a Assembleia Legislativa do Estado e a terceira, o secretário da Segurança Pública. Comprometeu-se, ainda, a fazer todos os esforços para conseguir a libertação dos estudantes presos, e suspendeu a sessão, imediatamente, para que se pudessem tomar as providências necessárias.[79]

A Reitoria estava naquele momento sendo exercida pelo professor Mário Guimarães Ferri, vice-reitor, uma vez que o efetivo, Gama e Silva, ocupava o Ministério da Justiça, do governo Costa e Silva.

---

[78] PRADO Jr. e GIANOTTI, *Ata de reunião da Congregação da Faculdade de Filosofia, Ciências e Letras da Universidade de São Paulo*, 4 de outubro de 1968, p. 59-60.

[79] *Ata de reunião da Congregação da Faculdade de Filosofia, Ciências e Letras da Universidade de São Paulo*, 4 de outubro de 1968, p. 60.

A faculdade foi coagida a transferir-se para a Cidade Universitária, por ordem policial

A discussão do dia 9 de outubro de 1968 na reunião da Congregação da Faculdade de Filosofia teve como assunto principal a questão da transferência das aulas, dos prédios da instituição na rua Maria Antônia para a Cidade Universitária. Apesar de esse assunto haver sido discutido brevemente em reunião anterior, por sugestão de alguns professores, agora tratava-se de cumprimento das determinações policiais.

Assim era, pois o secretário da Segurança Pública declarou, em ofício dirigido ao professor Eurípedes Simões de Paula, que somente liberaria os prédios, interditados e ocupados por tropas policiais desde o segundo dia de conflito e do incêndio que se seguiu, com a finalidade de que se procedesse à mudança de instalações da Faculdade, mas não permitiria o funcionamento normal das aulas naquele recinto.[80]

Desse modo, os debates tiveram que ater-se ao fato consumado: por um lado, os prédios da Faculdade estavam bastante danificados, com prejuízos dos mais elevados: por outro, a taxativa determinação da polícia para a desocupação. Por isso, os debates registrados na ata referem-se mais aos modos pelos quais essa transferência deveria ocorrer do que quanto à inconveniência ou não do cumprimento da determinação, da qual não se poderia fugir, nem em considerações sobre as condições de funcionamento da Faculdade naquele local, no que toca a seus aspectos favoráveis.

Quanto à conveniência dessa mudança imediata, houve o pronunciamento do professor Florestan Fernandes, que teve de aceitar o fato consumado, alegando que "o Estado tem o dever de proteger seus cidadãos e defender seu patrimônio", de modo que não era possível "aceitar a negligência" e que, desse modo, deveriam os professores comunicar aos alunos que a partir desse momento "as aulas passariam a ser dadas na Cidade Universitária, porque não há segurança nos prédios da rua Maria Antônia".[81]

Muito se falou sobre as más consequências que essa mudança trouxe para a Faculdade de Filosofia, com a sua dispersão numa área muito mais externa e a separação dos estudantes, que durante todo o tempo de funcionamento na rua Maria Antônia podiam conviver de maneira muito mais intensa e que

---

[80] Ibidem, p. 61.
[81] FERNANDES, *Ata de reunião da Congregação da Faculdade de Filosofia, Ciências e Letras da Universidade de São Paulo,* 4 de outubro de 1968, p. 61.

dessa convivência resultavam muitos benefícios para suas formações. O assunto é bastante complexo. De fato, essa convivência era uma realidade e não se dava apenas nas salas de aula, mas também nos pátios, saguão, portaria, refeitório, biblioteca, nas livrarias e nos muitos bares das redondezas. Assim, a vida universitária não se limitava ao ambiente da Faculdade, mas extravasava toda a rua e áreas adjacentes. Esse é o tom geral encontrado em todos os depoimentos sobre aquele espaço, constantes do livro de Maria Cecilia Loschiavo dos Santos, *Maria Antônia: uma rua na contramão*.[82]

Entretanto, ainda que a Universidade de São Paulo não se encontrasse ainda submetida ao processo que a transformou em universidade de massa – e que veio a ocorrer no decurso da década de 1970 –, o aumento de vagas que estava sendo exigido acabaria por tornar inviáveis as tarefas docentes naquele ambiente. Nesse sentido, os cursos de História, Geografia, Matemática, Física, Química, Psicologia e Pedagogia já estavam instalados na Cidade Universitária, assim como o de Geologia estava localizado em prédio distante, numa velha construção da Alameda Glete, no bairro vizinho de Campos Elísios. E essa situação somente poderia acelerar-se se fosse atendida uma das principais reclamações dos estudantes e de ampla parcela das camadas médias, a exigência do aumento de vagas e do aproveitamento de todos os excedentes. Se esse problema fosse solucionado, não haveria lugar para todos os novos universitários naquelas instalações.

Por isso, a questão da transferência dos cursos da rua Maria Antônia para a Cidade Universitária – ou pelo menos, de sua maior parte – era um imperativo que brevemente iria ocorrer, dependendo de dois fatores, a ampliação de vagas, que exigiria maiores instalações e o ritmo o andamento das obras de construção dos novos prédios. O assunto não era visto com muito boa vontade por parte dos alunos, que gostavam extremamente das velhas instalações, mas a pura e simples observação do uso do espaço e das perspectivas de crescimento das vagas apontava para isso.

Havia, ainda, o problema do Mackenzie. Essa instituição, instalada em amplos prédios, situados numa área bastante grande, evidentemente haveria de permanecer no local em que sempre estivera e que era de sua propriedade. Temia-se, com boa dose de razão, a ocorrência de novos incidentes, uma vez que os confrontos dos dias 3 e 4 de outubro de 1968 não foram os primeiros choques, mas os mais violentos e impressionantes. Com ambas as instituições situadas uma diante da outra, separadas apenas pelo leito da rua, novas violências eram de se esperar. Daí haverem ocorrido as manifestações favoráveis à transferência da faculdade, partindo de homens de coragem pessoal a toda prova, como eram

---

[82] SANTOS, Maria Cecilia Loschiavo. *Maria Antônia: uma rua na contramão*, São Paulo: Nobel, 1988.

os casos dos professores Eurípedes Simões de Paula e Florestan Fernandes. Estavam ambos rendendo-se ao fato consumado, no que tocava à inviabilidade da permanência de cursos da Faculdade naqueles prédios, e a ordem da polícia sacramentou a decisão.

Finalmente, os motivos policiais para que houvesse a transferência. Não se tratava especialmente do desejo de poupar o patrimônio público, uma vez que a opinião vigente entre os elementos da polícia paulista, quanto à Universidade de São Paulo em geral e à Faculdade de Filosofia, Ciências e Letras em particular, era de que se tratava de um antro de comunistas, cujo fechamento somente iria ajudar a manter a lei e a ordem, pois os atos de seus estudantes e de muitos de seus professores eram considerados pura baderna, em conformidade com a visão policialesca. O motivo que mais impulsionou os poderes governamentais a exigirem a saída da Faculdade da rua Maria Antônia era, especialmente, fazer com que, instalados na Cidade Universitária, os estudantes se dispersassem. Essa dispersão ficaria favorecida pelo fato de não existir qualquer centro de vivência em funcionamento naquela vasta área do bairro do Butantã, tão diferente e inferior, nesse ponto, às bem mais modestas instalações da rua Maria Antônia, que tanto contato permitiam aos estudantes.

E em breve os poderes dirigentes determinariam uma medida destinada a dificultar ainda mais o contato: a demolição do prédio do centro de vivência que estava sendo construído junto ao CRUSP – Conjunto Residencial da Universidade de São Paulo. Para esse ato, que provocou bastante indignação dos alunos, havia uma justificativa que não os convenceu devidamente: a abertura de uma avenida de aproximadamente 500 metros, que ligava a primeira das vias de acesso ao prédio em que funcionava, juntamente com o curso de Matemáticas.

Essa demolição gerou grandes protestos e até a resistência ativa dos moradores do CRUSP, que chegaram a enfrentar os policiais enviados para garantir a realização das ordens, sem entretanto conseguirem fazer com que esse direito seu fosse respeitado. É importante notar que essa edificação era parte constante do planejamento global da Cidade Universitária, e há muito vinha sendo prometida aos alunos.

Mário Guimarães Ferri deixa a Reitoria e é sucedido por Hélio Lourenço de Oliveira

Nessa mesma sessão foi comunicado pelo professor Crodowaldo Pavan o afastamento definitivo do diretor da Faculdade Mário Guimarães Ferri, por determinação médica. Ferri acumulava essa função com o cargo de vice-reitor, para o que havia sido eleito em lista tríplice e nomeado pelo governador Abreu Sodré em substituição a Gama e Silva, que estava desempenhando as funções de ministro da Justiça e por esse motivo, ele deixava também de ocupar a Vice Reitoria. Em virtude de haver estado Guimarães Ferri, até aquele momento, à frente da Reitoria, encontrava-se afastado da direção da Faculdade de Filosofia, e por essa razão, o professor Eurípedes Simões de Paula estava exercendo a direção da Faculdade e assim, presidindo as reuniões da Congregação.[83]

Agora, em virtude do afastamento de Mário Guimarães Ferri, havia a necessidade de que se escolhesse um novo vice-reitor, o que foi feito com a inclusão na lista tríplice do nome dum elemento prestigiado, o professor Hélio Lourenço de Oliveira, da Faculdade de Medicina de Ribeirão Preto, e esse catedrático foi escolhido pelo governador Abreu Sodré, que desejava manter na Universidade um homem que não fosse ligado a Gama e Silva, que em 1966 havia sido reeleito para o cargo. Foi esse o primeiro caso de reeleição de reitor em toda a história da Universidade de São Paulo, nomeado por Laudo Natel, que na ocasião havia assumido o cargo de governador para complementar o mandado de Adhemar de Barros, cassado por ato de Castelo Branco. O reitor, licenciado em 1967 para assumir o Ministério da Justiça, não gostou nem um pouco dessa escolha, mas teve que conformar-se, por ser a nomeação uma livre prerrogativa do governador, seu inimigo político Abreu Sodré, e passou então a aguardar o momento indicado para agir contra o novo reitor, elemento que não rezava pela sua cartilha.

Ao mesmo tempo, colocou-se a questão prática para a Faculdade de Filosofia, a escolha dos três nomes para que se elaborasse a lista tríplice que seria enviada ao governador, para a nomeação do diretor efetivo. A escolha final recaiu no nome do professor Eurípedes, o que não deixava de ser uma das melhores saídas para a situação de impasse, uma vez que aquele catedrático era extremamente respeitado pelos estudantes e pela totalidade do corpo docente.

Além disso, contava com um trunfo dos mais valiosos naquele momento de regime militar: era um veterano de guerra, integrante do contingente de FEB que lutou na Itália, no qual ingressou como tenente, por ser oficial da reserva, e deu baixa no posto de major, condecorado por atos de bravura e altamente elogiado por todos os seus comandantes. Num momento como esse, de tanta incerteza, essa condição não era para ser desprezada, uma vez que naquela precisa ocasião e nos anos seguintes, não foram poucos os professores que acabaram detidos ou retirados de cargos de direção pelo governo militar. Seria muito difícil para os governantes acusarem o professor Eurípedes de impatriotismo ou qualquer outra das pechas comumente lançadas contra os inimigos políticos do regime.

---

[83] *Ata de reunião da Congregação da Faculdade de Filosofia, Ciências e Letras da Universidade de São Paulo*, 4 de outubro de 1968, p. 61.

Em consequência da eleição, o professor Eurípedes foi incluído na lista e confirmado no cargo de diretor, que exerceu com extrema habilidade, contornando as sérias crises que a Universidade enfrentou, uma vez que era dotado da mais alta capacidade de diluir conflitos. Hélio Lourenço de Oliveira não teve a mesma sorte: acabou sendo incluído na segunda lista de aposentadorias, de 29 de abril de 1969, porque tornou-se suspeito do governo federal, quando protestou com veemência contra o ato arbitrário que aposentou vários funcionários públicos federais e, erroneamente, por excesso de pressa em punir e afastar inimigos, incluiu três docentes da Universidade de São Paulo, Villanova Artigas, Florestan Fernandes e Jaime Tiomno, em lista decretada em 20 de dezembro de 1968.

Nessa ocasião, o fato de ser o professor Eurípedes um febiano impediu que recebesse castigo idêntico, que provocaria escândalo nos meios militares. Como o critério para a aplicação das punições era dos mais arbitrários, pode dar-se a incoerência, os dois pesos e duas medidas, a punição de um, o reitor Hélio Lourenço, e o ignorar de ato idêntico de outro, o professor Eurípedes. E o móvel dessa punição que recaiu sobre o reitor era o fato de que estava ocupando cargo em que poderia interferir nos atos do reitor efetivo Gama e Silva e em que, de fato, não portou-se como aquele desejava, uma vez que não fazia parte do grupo de homens de sua confiança. Daí ter sido alijado, uma vez que Gama e Silva pretendia manter a Universidade de São Paulo sob o seu estrito controle, para a eventualidade de ter que deixar o Ministério da Justiça e voltar ao cargo anteriormente ocupado.

Nesse ponto, Gama e Silva estava fazendo a manobra inversa da que realizara pouco antes. Se enquanto era reitor efetivo manobrou no sentido de fazer da Reitoria o ponto de partida para a conquista de um posto ministerial, agora que havia alcançado esse objetivo, era ministro da Justiça, sua estratégia passou a ser a de manter na Reitoria e nos postos de decisão os elementos que pudessem garantir-lhe um desempenho a seu gosto, caso tivesse que reassumir aquele cargo para o qual havia sido reeleito em 1966 e devidamente nomeado pelo governador Laudo Natel e que era seu, até o término de seu mandato, apesar de suas más relações com o substituto do governador que o nomeara, Abreu Sodré.

A crise de maio de 1969: como foi a reação às aposentadorias com base no Ato Institucional n. 5

Reunião das mais concorridas foi a que se realizou do dia 6 de maio de 1969, com 44 membros da Congregação presentes, incluindo seu presidente, professor Eurípedes Simões de Paula, na ocasião diretor eleito da Faculdade de Filosofia. De fato, foi umas das reuniões com o mais alto índice de comparecimento, dos mais justificados, uma vez que constava da pauta, como assunto extraordinário, o debate relacionando à crise decorrente da aposentadoria de outro dos mais importantes professores da instituição.

Tratava-se da segunda lista de perseguições decretada pelo governo, baixada a 29 de abril de 1969 e visando especialmente a Universidade de São Paulo, que além de aposentar os oito docentes da Faculdade de Filosofia, Ciências e Letras, incluiu também o reitor Hélio Lourenço de Oliveira, há tão pouco tempo no cargo. A aposentadoria de um reitor era algo absolutamente inusitado, uma vez que até aquele momento poucos cargos haviam merecido tanta projeção social quanto este.

Dentre os nomes listados pelo arbítrio, nessa segunda lista, estavam como representantes da Faculdade de Filosofia os professores Bento Prado Almeida Ferraz Jr. e José Arthur Gianotti, do Departamento de Filosofia: Emilia Viotti da Costa, do de História: Fernando Henrique Cardoso, há pouco tornado catedrático de Ciências Políticas; Mário Schenberg, catedrático de Física; Octavio Ianni, assistente do Departamento de Ciências Sociais, na área de Sociologia, e Paula Beiguelman, também assistente da área de Ciência Política desse mesmo Departamento. Pouco antes, na lista anterior, já haviam sido aposentados o catedrático de Sociologia I, Florestan Fernandes, e Jaime Tiomno, do Departamento de Física.

Como solução ao problema prático, o professor Eurípedes colocou em discussão um dos temas mais importantes, o da substituição dos professores que respondiam pelos distintos Departamentos atingidos. Dessa forma, indicou a professora Gilda de Mello e Souza para o Departamento de Filosofia; o professor Oliveiros da Silva Ferreira para responder pela cadeira de Ciências Políticas, no lugar de Fernando Henrique Cardoso, e o professor Luiz Guimarães Ferreira para a substituição do catedrático de Física Mário Schenberg. Quanto aos aposentados na lista anterior, indicou os professores Celso de Queiroz Orsini e Luiz Pereira para tomarem os lugares dos professores Jaime Tiomno e Florestan Fernandes.

O professor Eurípedes comunicou aos presentes que assinou, juntamente com o professor Paschoal Senize, da cadeira de Química, moção de solidariedade e apreço ao reitor recém-aposentado Hélio Lourenço de Oliveira. Nesse momento, o professor Carlos Alberto Barbosa Dantas destacou "a importância de um pronunciamento da Congregação" e ainda se manifestou "esclarecendo que a Faculdade não compactua com os atos de aposentadoria" e que não era possível a instituição deixar de tomar uma atitude concreta de defesa de seus membros perseguidos, porque caso contrário, "o nosso silêncio poderia ser interpretado como uma concordância", com relação a tais atos arbitrários do governo.[84]

A Congregação da Faculdade de Filosofia finalmente estava, agora, adotando tardiamente a atitude que há muito deveria ter posto em prática, a defesa intransigente e corajosa dos seus direitos e das liberdades de cátedra e de expressão. Tendo deixado de fazer a enérgica manifestação que agora fazia, quando ainda era possível impor-se aos desejos arbitrários, a época das prisões de Schenberg e de Florestan Fernandes, estava nesse momento bem mais cercada e os fatos obrigavam-na a tomar a atitude que há tanto tempo havia protelado, e o fazia com bem menos força do que dispunha, até quatro anos antes.

E mesmo depois de dois ataques tão violentos contra seus direitos, com as duas listas de aposentados, havia ainda quem se manifestasse de maneira favorável ao governo, como era o caso do professor Laerte Ramos de Carvalho, visceralmente governista e conservador extremado.

O texto do pronunciamento do professor Jaime Tiomno: um depoimento sobre seus esforços e da torpeza do professor Eremildo Viana

Ainda nessa reunião, o professor Jorge André Swieca leu um depoimento que lhe foi entregue pelo professor Jaime Tiomno, aposentado na primeira lista, a 20 de dezembro de 1968, contendo uma síntese de seu trabalho como professor e pesquisador na área de Física e enfatizando ter sido sua aposentadoria um ato de vingança pessoal do professor Eremildo Viana, diretor da Faculdade Nacional de Filosofia, sediada no Rio de Janeiro, e que há muito vinha criando grandes dificuldades para o desempenho do ensino e da pesquisa naquela instituição, em se tratando do trabalho dos seus inimigos pessoais, como era o caso do cientista agora posto de lado. E esse depoimento tem o valor de sintetizar outra manifestação anterior de Tiomno, quando da investigação anteriormente sofrida por ele e colegas, na Universidade de Brasília e na Faculdade Nacional de Filosofia da Universidade do Brasil.

O depoimento do professor Jaime Tiomno sobre o resumo de sua atuação universitária e das perseguições que sofreu é do seguinte teor: "Sr. Presidente: Na impossibilidade de comparecer à reunião do dia 6 de maio de 1969 da Congregação dessa Faculdade, venho, por intermédio de um colega, fazer algumas considerações e prestar a meus pares esclarecimentos que não pude dar na reu-

---

[84] BARBOSA DANTAS, *Ata de reunião da Congregação da Faculdade de Filosofia, Ciências e Letras da Universidade de São Paulo,* 6 de maio de 1969, p. 127.

nião de 30 de abril passado, por ter sido a mesma adiada. Ainda não refeito do impacto e da perplexidade causados pela devastação sofrida por esta Faculdade, com a segunda lista de aposentadorias de professores universitários, eu desejo, como um dos dois primeiros atingidos nesta Congregação, prestar esclarecimentos sobre o que me concerne. Eles poderão ser úteis para a compreensão da situação e servirão, pelo menos, como subsídio histórico de um período negro da cultura brasileira".[85]

"Em 1965 ou fins de 1964, estando empenhado em colaborar na patriótica obra de implantação da Universidade de Brasília, como coordenador que vim a ser do Instituto de Física dessa Universidade, recebi intimação para comparecer perante a Comissão de Investigação da Universidade do Brasil, a cujos quadros ainda pertencia. Apresentei defesa das acusações feitas pelo diretor da Faculdade Nacional de Filosofia, o professor Eremildo Viana. *Ele se aproveitara, como tantos indivíduos medíocres,* por este vasto país afora, *das circunstâncias que permitiam punições sumárias e sem recurso à Justiça, para se vingar de todos os que se haviam oposto a sua ação daninha naquela faculdade.* Para isso, *acusou cerca de 40 professores da Faculdade Nacional de Filosofia, eu inclusive, de pertencerem a uma suposta célula comunista, que lá teria funcionado sob presidência de honrado e eminente professor,* que era *competidor de Eremildo nas eleições para diretor da Faculdade,* que se avizinhavam. Não tendo eu, um dos acusados de pertencer à célula, jamais ouvido qualquer referência à existência dessa entidade, não tive dúvida de que *se tratava da mais mesquinha vingança*".[86]

Estava ele evidenciando um dos aspectos mais frequentes nas disputas brasileiras do século XX, notadamente nos tempos da Guerra Fria, a utilização das acusações macartistas de comunismo, como vingança de inimizades pessoais e para o afastamento de concorrentes. Episódio muito semelhante a esse registrou-se em São Paulo, na mesma época, contra o professor Isaías Raw, acusando-o de comunista, tão somente pelo fato de ser ele o mais forte dos candidatos à cadeira da Faculdade de Medicina de São Paulo que disputavam ele e outros concorrentes, a de Bioquímica. O caso citado por Tiomno era dos mais característicos, notadamente no exemplo que apresentou, referente ao professor candidato a diretor e que competia com Viana.

"Por esse motivo, pulverizei (ou pensei ter pulverizado) essa acusação infundada. Se bem que inclua uma cópia desse meu depoimento, para os arquivos dessa Congregação, creio ser esclarecedora a transcrição dos seguintes trechos:

---

[85] TIOMNO, *Ata de reunião da Congregação da Faculdade de Filosofia, Ciências e Letras da Universidade de São Paulo*, 6 de maio de 1969, p.127.

[86] Grifos nossos, TIOMNO, *Ata de reunião da Congregação da Faculdade de Filosofia, Ciências e Letras da Universidade de São Paulo*, 6 de maio de 1969, p. 127-128.

'[...] Volto agora aos problemas da Faculdade Nacional de Filosofia. *Nossa Faculdade já nasceu obsoleta, dentro de um sistema universitário obsoleto.* Quando, em todo mundo, *não mais se admitia a dissociação entre ensino e pesquisa, não havia lugar para a pesquisa entre nós.* Um grupo de jovens recém-formados, nos primeiros anos da década de 1940, percebeu que *precisava fugir para São Paulo e para o exterior*, em busca de novos caminhos, *em busca de experiências e soluções que não encontravam nos mais velhos'.*[87]

A crítica de Tiomno incidia diretamente sobre um problema altamente relacionado à existência da cátedra e muito atacado pelos partidários da reforma universitária, os aspectos rotineiros do ensino superior brasileiro, em que as tarefas do ensino estavam quase sempre muito distantes dos que se referiam à realização da pesquisa. E esse era um aspecto que existia, no país, desde o surgimento das diversas universidades, e até mesmo em São Paulo, ainda que nesse caso o problema fosse menor.

"Revigorados por essa experiência, voltaram para tentar reconstruir um centro de pesquisa do nível daqueles que haviam frequentado. Repelidos pela falta de apoio da Faculdade Nacional de Filosofia e da Universidade do Brasil, muitos tiveram que se contentar com a rotina existente ou se integrar em outras instituições fora da Universidade. Na Física, por uma questão fortuita, o grupo era mais numeroso e conseguiu entusiasmar [...] para mais uma iniciativa pioneira, a de criar o Centro Brasileiro de Pesquisas Físicas. Em curtíssimo prazo já era essa instituição um dos melhores centros de pesquisas da América Latina".[88]

"Quanta inveja e reação despertou! *O normal, em qualquer país, seria transformar esse centro em Instituto de Física da Universidade, mas aqui a meta era destruí-lo.* 'É um bando de judeus!'; 'É um antro de comunistas!'; 'São vendidos aos americanos!'. *Conforme o momento, uma ou outra acusação era mais eficiente.* Talvez, se nos tivéssemos afastado da Universidade, da Faculdade de Filosofia, houvessem nos deixado em paz. Nosso lugar era, porém, na Universidade, pois a ciência necessita de um fluxo contínuo de sangue novo e precisávamos buscar os jovens mais capazes, desde seu ingresso na Faculdade".[89]

Novamente parece a psicose anticomunista, juntamente com outras acusações torpes, muitas vezes com sinal invertido e, portanto, desconexas entre si – as paralelas acusações de relacionamento com a CIA e com o governo dos Estados Unidos e as de ser comunista – que têm por finalidade, apenas, a des-

---

[87] Grifos nossos, TIOMNO, *Ata de reunião da Congregação da Faculdade de Filosofia, Ciências e Letras da Universidade de São Paulo*, 6 de maio de 1969, p. 128.

[88] TIOMNO, *Ata de reunião da Congregação da Faculdade de Filosofia, Ciências e Letras da Universidade de São Paulo*, 6 de maio de 1969, p. 128.

[89] Grifos nossos, TIOMNO, *Ata de reunião da Congregação da Faculdade de Filosofia, Ciências e Letras da Universidade de São Paulo*, 6 de maio de 1969, p. 128.

qualificação pessoal dos inimigos e concorrentes. Igualmente, a acusação antissemita, que chegou a ser usada igualmente em são Paulo contra o professor Raw, abertamente, quando colegas invejosos alegaram que a "casa do doutor Arnaldo Vieira de Carvalho estava tornando-se a casa de Abrahão". E atingia, nesse caso, especialmente, os elementos interessados em criar no Rio de Janeiro um centro de excelência em Física, que tivesse a mesma projeção do núcleo que estava sendo desenvolvido em São Paulo, desde a Faculdade de Filosofia, Ciências e Letras da Universidade de São Paulo, e do qual um dos principais incentivadores foi o professor Mário Schenberg.

Tais acusações ocorriam por meio de calúnias, seja com as acusações esquerdistas, seja com as direitistas, seja ainda com as de cunho preconceituoso antijudaicas, veiculadas por inimigos pessoais e elementos invejosos. Os acusadores em questão, portanto, visavam mais promover a manutenção da rotina que uma explicável, ainda que torpe, motivação política.

As acusações davam-se contra pesquisadores que em nada se relacionavam com assuntos políticos e temas filosóficos que pudessem ter conotação marxista ou de qualquer outro conteúdo de crítica social. Daí haver Tiomno enfatizado a preocupação dos pesquisadores que desejavam selecionar, desde os primeiros anos de vida universitária, os talentos jovens que poderiam dar prosseguimento às suas pesquisas, para garantir a continuidade da instituição.

"Faço, no momento, um apelo a esta Comissão e às autoridades deste país, para que examinem com serenidade e espírito de Justiça esse mar de lama jogado por um irresponsável (o professor Eremildo Viana) sobre a Universidade do Brasil, de modo a não contribuir para o esfacelamento dessa unidade universitária que, com todos os seus defeitos e insuficiências, muito já contribuiu para o nosso progresso e que muito mais poderá, ainda, fazer com luzes novas, estrutura modernizada e uma melhor adequação à solução dos problemas de ensino e pesquisa no país."[90]

O depoimento prossegue com a explicação de como a autoridade militar encarregada de dirigir o inquérito policial militar encarou a questão e como foi dado prosseguimento ao caso: "Apesar de ter o general Arcy da Nobrega, presidente da Comissão de Investigação, concluído, segundo me informou, pela falta de fundamento das acusações sobre a suposta célula comunitária e de ter sido o inquérito arquivado pelo ministro Suplicy Lacerda, *creio ser esse o ponto de partida de minha inclusão na primeira lista de aposentadorias, em que está a grande maioria dos desafetos do sr. Eremildo Viana*. Peço escusas a meus colegas por estar me alongando tanto em meu caso, que representa parcela mínima

---

[90] Intercalação nossa, TIOMNO, *Ata de reunião da Congregação da Faculdade de Filosofia, Ciências e Letras da Universidade de São Paulo*, 6 de maio de 1969, p. 128.

das aflições dessa Congregação, mas creio que ele, possivelmente, represente melhor que outros a trajetória da época que vivemos. Digo isso, sr. Presidente da Congregação da Faculdade de Filosofia, Ciência e Letras da Universidade de São Paulo, não porque pretenda fugir às responsabilidades e queira me apresentar como uma pobre vítima atingida ao acaso".[91]

Ainda que o professor Tiomno se abstivesse de fazer a afirmação categórica de que devia a sua aposentadoria às ações persecutórias do professor Viana, deixou claro que a maior parte dos elementos que desagradavam aquele diretor estavam presentes na lista de aposentados, e que foi elaborada como segundo ataque, depois de falhada a iniciativa que o diretor empreendeu já em 1964, com a indicação de Tiomno e outros na lista de acusados do inquérito policial militar. E deve ser considerado o fato de que o ministro da Educação e Cultura Flávio Suplicy de Lacerda, figura das mais notórias da repressão política nos meios universitários e dotada de caráter muito intolerante, haver arquivado o caso. Erenildo Viana estava sendo, portanto, mais realista que o próprio rei.

"Estou, desde o meu ingresso na vida universitária, na luta subversiva – aceito o termo sem aspas! – sim, na luta pela subversão dessa Universidade Brasileira de estrutura medieval, por sua modernização, reformulação e adequação ao desenvolvimento brasileiro. Não posso, portanto, estranhar ter sido atingido pelas forças retrógradas e obscurantistas que sempre dominaram e continuam a controlar esses setores na Faculdade Nacional de Filosofia, no Centro Brasileiro de Pesquisas Físicas de São Paulo."[92]

Era a crítica do regime imobilista da cátedra, por seu caráter rotinizador e, sobretudo, pelo fato de configurar o poder pessoal e gerar aos grupos de ação conjunta de cátedra que, de acordo com Paulo Duarte, fazia com que quase todos os concursos ocorressem sob o regime de protecionismo pessoal de troca de favores que, pitorescamente, denominou ação entre amigos.[93]

"Desde os bancos escolares fiz a opção de que participaria dessa luta, *não* por atividades político-partidárias, *não* ingressando em qualquer partido político, *não* participando de agitações estéreis e destrutivas, mas *sim*, atuando construtivamente para ajudar a erguer a Universidade e a pesquisa no Brasil, para livrá-lo do subdesenvolvimento, para libertá-lo da miséria e da dominação econômica. Por esses mesmos motivos, ora fui acusado de '*comunista*', ou de '*exercer grande influência sobre os estudantes*'; ora recebi, em épocas de agita-

---

[91] Grifos nossos, TIOMNO, *Ata de reunião da Congregação da Faculdade de Filosofia, Ciências e Letras da Universidade de São Paulo,* 6 de maio de 1969, p. 129.

[92] TIOMNO, *Ata de reunião da Congregação da Faculdade de Filosofia, Ciências e Letras da Universidade de São Paulo,* 6 de maio de 1969, p. 129.

[93] DUARTE, Paulo. *O processo dos rinocerontes. (Razões de defesa e outras razões...).* São Paulo: s/ed., 1967, p. 48-9, 83.

ção, de estudantes do Rio, Brasília ou São Paulo, epítetos pejorativos, tais como '*burguês reformista*', '*gorila*', '*agente do MEC-USAID*', '*protótipo do catedrático reacionário*', e outros".[94]

A opção de vida do professor Tiomno foi eminentemente política, ainda que não partidária, de ativista de um gênero de movimento que, apesar de alheio às atividades de caráter político, estando, ao contrário, totalmente inserida nos meios científicos e universitários, não deixava de ter um certo gênero de vinculação com o universo político, ainda que no mais alto nível, distantes das disputas pelo poder de Estado e de vinculações com entidades partidárias. Era político no sentido expresso acima, o de reivindicação e da promoção do desenvolvimento da pesquisa que se superasse, como a contribuição dos cientistas, para que se superasse a dependência da importação da ciência estrangeira em pacotes, o subdesenvolvimento nacional, a miséria econômica. Daí haver ele, por não pertencer a nenhuma facção política definida, incorrido nas críticas mais desencontradas: para as direitas, ele era um comunista e agitador, que exercia uma grande influência entre os estudantes, numa época da mais intensa mobilização estudantil; para as esquerdas, um "gorila", exatamente o termo mais pesado do vocabulário esquerdista da época; era um "agente do acordo MEC-USAID", o símbolo da ingerência americana sobre a vida universitária brasileira; era ele um exemplo típico do "catedrático reacionário".

O qualificativo menos ofensivo que lhe era dirigido pelas esquerdas era o de ser um "burguês reformista", e tal denominação assim pode ser vista como uma crítica mitigada, porque havia setores das esquerdas que desejavam alianças com a assim chamada burguesia nacional reformista, segundo a estratégia do Partido Comunista Brasileiro.

Cumpre notar que ele recebia esses qualificativos dos setores das direitas e das esquerdas mais intolerantes e intelectualmente mais limitados, uma vez que seria ingênuo entender que somente as direitas brasileiras eram primárias e as esquerdas não contivessem elementos que não o fossem, e em contrapartida, que todos os homens de direita no Brasil eram, *ipso facto*, irremediavelmente marcados pela estupidez.

"Quanto a minha atuação na Faculdade de Filosofia, Ciências e Letras da Universidade de São Paulo, de que tenho contas a prestar a essa Congregação, tenho a consciência tranquila, de quem cumpriu o seu dever, e tenho ainda a certeza de ter-me comportado como prometi em minha aula inaugural, em meu trabalho e com minhas responsabilidades, nesta Faculdade, nem na luta pelo progresso da ciência no Brasil. Conforme relatório de 1968, já encaminhado ao

---

[94] Grifos de Tiomno. *Ata da reunião da Congregação da Faculdade de Filosofia, Ciências e Letras da Universidade de São Paulo,* 6 de maio de 1969, p. 129.

sr. Diretor da Faculdade, ao qual envio cópia a esse Congresso, deixo organizada a Cadeira de Física Superior, que encontrei em colapso. Todos os seus membros, que encontrei sem programa de pesquisa, estão agora integrados em programas de pesquisas experimentais ou teóricas, em colaboradores e professores visitantes, foi em 1968, a que mais cursos de graduação e de pós-graduação ministrou no Departamento de Física, nove".[95]

As declarações do professor Tiomno, nesse aspecto, ressaltam o seu grande propósito de atuar no desenvolvimento da pesquisa, na medida de suas possibilidades, de administrar a criação e ampliação dos setores de pesquisa científica.

"É, todavia, objeto de relatório em separado, minha atuação durante os últimos 18 meses, criando e dirigindo o Grupo de Partículas elementares do Departamento de Física, que reúne físicos teóricos de diversas cadeiras. Estou também anexando cópia desses relatórios para a Congregação. Dele se evidencia que, tendo organizado esse grupo, em fins de 1967, com apoio da Fapesp, num período total de inexistência de verbas da Universidade e de séria crise no Departamento de Física, conseguimos implantar o grupo em tempo recorde. É, atualmente, o maior grupo de Física Teórica do país, tendo, no início desse ano, nove membros, sendo seis com o grau de doutor. Teve quatro professores visitantes de alto nível, tendo já outros quatro comprometidos para os próximos meses, oito bolsistas de pós-graduação e cinco estagiários ou bolsistas de graduação, tendo, pois, envolvido vinte e seis pessoas em suas atividades desse período. Foram, ou estão sendo realizados mais de vinte trabalhos de pesquisas, de que já resultaram dez publicações em revistas especializadas. Foram feitas, ou estão sendo redigidas, seis teses de mestrados, doutoramento ou livre-docência. Foi mantido amplo programa de seminários e intercâmbio científico, tido amplo programa de seminários e intercâmbio científico, com participação em cinco conferências internacionais a convite e três nacionais. Durante 1968 e nos primeiros meses de 1969, membros e colaboradores do grupo ministraram 22 cursos de programação ou pós-graduação, sendo que em 1968, de cerca de 15 dos grupos de pós-graduação dados pelo Departamento de Física, 9 foram ministrados por membros do Grupo Partículas Elementares".[96]

O relatório é muito eloquente sobre o desempenho do professor Tiomno à testa do setor que dirige e, mais que tudo, plenamente de acordo com as diretrizes que impôs, tanto no que tocava a sua conduta pessoal de não imiscuir-se em questões político-partidárias quanto no referente a seus propósitos de

---

[95] *Ata da reunião da Congregação da Faculdade de Filosofia, Ciências e Letras da Universidade de São Paulo*, 6 de maio de 1969, p. 129-130.

[96] Ibidem, p. 130.

lutar pelo desenvolvimento da ciência. E pode ser notado, em seus termos, não apenas os aspectos quantitativos – o número de bolsistas e pesquisadores, a quantidade de cursos – , mas também suas variações qualitativas, seja no que toca aos tipos de cursos, de graduação e de pós-graduação, seja nas variedades de participantes, mestrandos, doutorandos e candidatos à livre-docência, agindo no país e no exterior.

"Parece-me desnecessário lembrar que as atividades mencionadas transcorreram em clima de crise no Departamento de Física, durante a qual não me eximi de minhas responsabilidades e não deixei, a qualquer momento, de atuar construtivamente, defendendo o patrimônio cultural da Universidade e atuando no sentido de encontrar soluções que eliminassem as causas profundas da crise. Prestados esses esclarecimentos, peço permissão para me manifestar sobre a crise atual dessa Faculdade, apesar de não mais fazer parte dessa congregação, conforme informação pessoal de V. Exª., Sr. presidente. Por maior que tenha sido meu choque, e coerente com minha atuação anterior na crise da Universidade de Brasília, não posso deixar de apelar aos membros dessa Congregação, como já o fiz aos membros do Departamento de Física, no sentido de atuarem com a maior calma possível, evitando deixarem-se dominar pela emoção. Se bem que amplo setor dessa faculdade tenha sido quase arrasado, *ainda há importante patrimônio científico e cultural a preservar. A luta pela recuperação de valores perigosos só pode ter sentido com a consolidação dos setores restantes* e não com a sua destruição, que possa decorrer de precipitação por emotividade incontrolada. Observo que essas considerações não diminuem, pelo contrário, aumentam as responsabilidades dessa Congregação da qual tive a honra de participar, durante dezoito meses, e da qual me despeço agora com o sentimento do dever cumprido. Saudações universitárias. As. Jaime Tiomno".[97]

Toda a crítica de Tiomno, portanto, foi feita dum modo respeitoso, sem incorrer em ofensas pessoais, mesmo nos aspectos ligados ao professor Viana, que tanto o perseguiu, uma vez que se limitou a apontar as normas de conduta daquele dirigente universitário. Muita mágoa apresentava ele das esquerdas míopes que o acusaram de ser agente da CIA, adepto do MEC-USAID e até ofenderam-no em sua condição de judeu, como se isso constituísse crime. Mas a tônica dominante desse pronunciamento era luta de que participou no sentido de que houvesse o desenvolvimento da pesquisa científica no Brasil, e que agora estava participando.

---

[97] Grifos de Tiomno. *Ata da reunião da Congregação da Faculdade de Filosofia, Ciências e Letras da Universidade de São Paulo,* 6 de maio de 1969, p. 130-31.

Apresentação de texto de manifestação de protesto à apreciação dos membros da Congregação

Após a leitura do documento elaborado pelo professor Jaime Tiomno e levado ao colegiado por seu colega Jorge André Swieca, o professor Carlos Benjamin de Lyra pronunciou-se, na qualidade de representante dos livre-docentes, lamentando os fatos e protestando contra os acontecimentos, concordando, plenamente. Afirma que "é de opinião que a Congregação deveria se manifestar de forma serena, mas positiva", porque "os atos praticados não abrangem a totalidade da ação do governo" e que "qualquer protesto só terá valor se contiver alguma mensagem didática", uma vez que "nessa ocasião em que são atingidos diversos professores e até o magnífico reitor, pessoas do mais alto nível intelectual, tem a impressão que esta casa deverá apresentar uma manifestação". Lê, então, um documento que redigiu, versando sobre o assunto, transcrito em ata.[98]

Os termos do manifesto lido pelo professor Lyra, que pediu a solidariedade dos colegas com sua adesão e assinatura, era dirigido em nome da Congregação. Seus termos eram: "A Congregação da Faculdade de Filosofia, Ciências e Letras da Universidade de São Paulo, reunida para tratar de assuntos ligados à recente aposentadoria de professores, perplexa diante da gravidade e extensão de sucessivos afastamentos de docentes e pesquisadores da Universidade de São Paulo, inclusive o próprio vice-diretor em exercício, declara reconhecer nas recentes medidas grave quebra de autonomia universitária. Dirige-se, pois, ao colendo Conselho Universitário e ao magnífico reitor solicitando a sua intervenção junto as autoridades competentes para que: a) no caso dos docentes desta casa, atingidos pela aposentadoria compulsória: seus currículos exemplares e o voto de idoneidade moral e profissional que desta Congregação receberam não permitem outra atitude: b) pondere às autoridades competentes estar em andamento reforma da Universidade, até há pouco em clima de completa tranquilidade. A Universidade precisa, hoje como nunca, da capacidade de seus docentes e pesquisadores: a eficiente instalação de diversos institutos e o rápido crescimento dos seus núcleos de pesquisa está estreitamente ligado ao problema de repatriamento de cientista, programa este que recebe assim rude golpe".[99]

---

[98] LYRA, *Ata da reunião da Congregação da Faculdade de Filosofia, Ciências e Letras da Universidade de São Paulo*, 6 de maio de 1969, p. 131.

[98] *Ata da reunião da Congregação da Faculdade de Filosofia, Ciências e Letras da Universidade de São Paulo*, 6 de maio de 1969, p. 131.

Ramos de Carvalho é o único professor que se recusa a criticar os "princípios revolucionários"

O manifesto em questão, apesar de cuidadoso e moderado, foi bastante enfático no que tocava à exigência de respeito à autonomia universitária, mas não seria aceito pacificamente, ainda que os fatos não permitissem mais quaisquer transigências. Assim, o presidente da Congregação entendeu que esses pronunciamentos deveriam ser individuais e não em nome da Congregação. Entretanto, não declarou eximir-se de assiná-lo.

Quanto a essa atitude, a recusa de firmar esse documento, por não discordar do governo, o pronunciamento mais claro foi o do professor Laerte Ramos de Carvalho, que afirmou que "o momento que atravessamos é extremamente delicado e não estamos em condições de expor a Faculdade e a pessoa do seu diretor" e ainda que "*lamenta o afastamento de professores, mas não poderá concordar com um documento que critica os princípios revolucionários*". De modo que sua opinião era de que o documento deveria ser assinado individualmente, mas não apresentado em nome da Congregação.[100]

Pode ser vista uma grande contradição no seu pronunciamento, uma vez que nada adiantaria lamentar as aposentadorias forçadas e arbitrárias de vários colegas seus e os "princípios revolucionários" em nome dos quais esses atos de exceção foram cometidos.

Entretanto, se o professor Ramos de Carvalho teve essa atitude, foi o único a assumi-la claramente nessa reunião. Outros professores manifestaram-se com atitudes bem mais enérgicas e adequadas à situação do momento. Assim, o professor Carlos Alberto Dantas enfatizou que "a Congregação deve pronunciar-se como um órgão que tem obrigações para com a cultura e com o país. O professor Ruy Galvão de Andrada Coelho solicitou a "inteira solidariedade da casa" aos professores aposentados; o professor Eduardo d'Oliveira França, se por um lado lembrou a convivência de "se ponderar bem antes de qualquer pronunciamento, pois caso contrário, a situação poderá ser agravada", não deixou de fazer a indagação "se a Faculdade pode silenciar, face ao problema da liberdade de pensamento" e que em sua opinião poderia "ser redigido um pronunciamento que deixasse claro o pensamento da Congregação quanto à defesa de um princípio". O Professor Sérgio Buarque de Holanda disse concordar "com a proposta do professor Carlos Benjamin de Lyra", autor do manifesto lido e transcrito na ata, "opinando pela aprovação".[101]

---

[100] Grifos nossos. CARVALHO. *Ata da reunião da Congregação da Faculdade de Filosofia, Ciências e Letras da Universidade de São Paulo,* 6 de maio de 1969, p. 131-32.

[101] CARVALHO. *Ata da reunião da Congregação da Faculdade de Filosofia, Ciências e Letras da Universidade de São Paulo,* 6 de maio de 1969, p. 131-32.

A fala mais enérgica nessa sessão foi a do professor Ernst Wolfgang Hamburger, do Departamento de Física, ao deixar claro que "não poderá existir uma universidade quando os seus professores são afastados de seus cargos", por força do arbítrio, e que "temos o dever, por uma questão de solidariedade, de defender nossos colegas". Como esse comportamento era um imperativo, "a Congregação, portanto, não deve se omitir diante desses fatos" e propôs que "aos professores aposentados seja transmitido o reconhecimento de seus pares pelos serviços que prestam à nossa Faculdade e que ao colendo Conselho Universitário seja encaminhado o pensamento dessa Congregação".[102]

A mesma posição foi assumida pelo representante dos instrutores e assistentes, professor Sérgio de Almeida Rodrigues, para quem "acima de todos os problemas de ordem pessoal, temos que pensar na instituição que representamos", e por esse motivo, pediu que todos pensassem "num pronunciamento desta casa, no sentido de que as aposentadorias não continuem" e recomendou que "esse pronunciamento deve ser sereno, sem atitudes emocionais, mas visando o futuro da instituição. Juntamente com ele manifestou-se o professor Aziz Nacib Ab'Saber, "para dizer que um pronunciamento a favor da preservação da Universidade é imprescindível" e que "a carta do professor Jaime Tiomno, por seu conteúdo, seja encaminhada ao Conselho Universitário".[103]

O professor Aziz Ab'Saber propôs que o pronunciamento da Congregação fosse, em relação definitiva, baseado no texto do manifesto apresentado pelo professor Carlos Benjamin de Lyra, e sua proposta foi aprovada.

O presidente levou à votação que a Congregação se manifestasse quanto à aposentadoria dos colegas, aprovada com seis votos em contrário, sendo um deles o do professor Laerte Ramos de Carvalho, que declarou-se contrário a qualquer posição institucional, opinião reforçada pelos professores Josué Camargo Mendes e Armando Tonioli.

Apesar dessas manifestações contrárias, análogas à do professor Laerte Ramos de Carvalho, aprovou-se a proposta de redação de um documento, do qual foram encarregados os professores Eduardo d'Oliveira França, José Cavalcanti de Souza e Carlos Benjamin de Lyra, que deveriam entregá-lo até o final da reunião.

---

[102] HAMBURGER. *Ata da reunião da Congregação da Faculdade de Filosofia, Ciências e Letras da Universidade de São Paulo*, 6 de maio de 1969, p. 132.

[103] AB'SABER. *Ata da reunião da Congregação da Faculdade de Filosofia, Ciências e Letras da Universidade de São Paulo*, 6 de maio de 1969, p. 132.

O texto da manifestação da Congregação da Faculdade de Filosofia, Ciências e Letras

O documento entregue por França, Lyra e Cavalcanti de Souza era do seguinte conteúdo: A Congregação da Faculdade de Filosofia, Ciências e Letras da Universidade de São Paulo, por imperativo de ordem moral, sente-se no dever, no ensejo da aposentadoria compulsória de alguns dos seus mais ilustres professores, cujo afastamento significa um grande prejuízo de valores morais para a Universidade, os quais gostaria de ver restituídos a seu convívio, com o respeito que deve às autoridades constituídas e a seus atos fundados na lei, e sem que esta sua manifestação implique em qualquer opção de caráter político-ideológico, *data vênia*, dirige-se ao Conselho Universitário para ponderar o seguinte:

1.0 – a liberdade de pensamento constitui condição essencialíssima para a fecundidade da pesquisa e a autenticidade do ensino na Universidade, bem como para toda a vida de uma nação, e sem ela não espera-se a criação original do presidente;

2.0 – o governo da República, no seu afan de instaurar condições válidas para a luta de todos contra o subdesenvolvimento intelectual, afan que se revela, por exemplo no seu empenho de recuperação de seus cientistas que estão no exterior, nas dotações para órgãos de pesquisa, na multiplicação de bolsas, na universidade, para a realização de seus objetivos, precisa mobilizar a totalidade de seus valores humanos, sem discriminações, para contar com a contribuição de toda a inteligência do país;

3.0 – a situação criada priva a Universidade das condições mínimas de confiança e tranquilidade essenciais às tarefas de planejamento detalhado e de implantação da reforma da Universidade;

4.0 – o desenvolvimento dos centros de pesquisa científica constitui a única base possível para o desenvolvimento tecnológico e econômico, conforme objetivo assentado pelo governo, e para a instalação em alto nível destes centros é indispensável o aproveitamento de todos os valores;

5.0 – o quadro de pesquisadores brasileiros, nos diversos setores das ciências e das humanidades, ainda muito aquém das nossas necessidades científicas e culturais, precisa cuidadosamente ser preservado: solicita ao Conselho Universitário um pronunciamento em defesa da liberdade de pensamento da Universidade e consequentes gestos no sentido *de preservá-la dentro do processo revolucionário, que é bastante enérgico para não precisar sacrificá-la para se realizar*, a fim de dissipar-se a atmosfera de tensões e insegurança que vem paralisando a normalidade da vida universitária, restaurando-se as condições mínimas para a realização da grande tarefa que temos de implementação da reforma da Universidade.[104]

O documento era moderado, portanto, uma vez que não se deteve na análise do mérito do regime militar, considerando, mesmo que o assim chamado processo revolucionário fosse enérgico o suficiente para impor-se sem necessitar de promover uma caça às bruxas na Universidade. Era, dessa forma, um texto aceitável até aos professores de linha mais conservadora, como Laerte Ramos de Carvalho, uma vez que podia ser alegado tratar-se da defesa da autonomia universitária e das condições de pesquisa e ensino. Resta indagar, em contrapartida, qual seria a opinião dos elementos mais contestadores, sobre que pensavam eles do processo revolucionário que caçou-lhes o direito de prosseguir suas carreiras e seguir dando as suas contribuições ao desenvolvimento científico nacional.

As opiniões dos membros da Congregação sobre os termos de um documento tão cuidadoso

O documento foi submetido a apreciação dos presentes, para que se pronunciassem. A primeira manifestação foi do professor Manuel Nunes Dias, elemento pertencente ao grupo dos professores de tendência conservadora. Alegou concordar com a redação do documento, mas "diante da situação de fato, é contrário a qualquer espécie de pronunciamento, pois as consequências poderão ser imprevisíveis" e que "sua atitude não era de covardia, mas de prudência", declarando-se ainda "solidário com os colegas" e afirmando que "sempre lutou pela liberdade de pensamento, e que se essa manifestação favorecesse os professores, então seria o vanguardeiro", mas como não pensava assim, "se houver qualquer pronunciamento, o seu voto será contrário".[105]

Com ele concordou o professor de Língua e Literatura Alemã Erwin Theodor Rosenthal, que entretanto congratulou-se com a comissão de redação pelo conteúdo do texto. O professor Arrigo Leonardo Angelini foi outro elemento que se alinhou com os que repudiavam a resolução de se fazer com que aquelas palavras fossem o documento oficial da Faculdade, apesar da moderação nelas contida, ainda que não deixasse de alegar sua concordância. Afirmou ele que "inicialmente, se manifestou favoravelmente ao pronunciante,

---

[104] Grifos nossos. *Ata da reunião da Congregação da Faculdade de Filosofia, Ciências e Letras da Universidade de São Paulo,* 6 de maio de 1969, p. 137-38.

[105] NUNES DIAS, *Ata da reunião da Congregação da Faculdade de Filosofia, Ciências e Letras da Universidade de São Paulo,* 6 de maio de 1969, p. 139.

mas considerando as manifestações de grupos de estudantes, reformula o seu voto, declarando-se contrário a qualquer atitude da Congregação". De modo igualmente contemporizador foram as palavras do catedrático de Língua e Literatura Espanhola e Hispano-Americana Julio Garcia Morejón, alegando que "podemos prestar ainda muitos serviços aos professores aposentados, mas não com pronunciamentos que poderão ainda, afastá-los mais", e por esse motivo, afirmou que "devemos ponderar muito bem os nossos atos, a fim de que não se comprometa a faculdade". Mas, ao mesmo tempo, "congratula-se com os membros da comissão, que redigiram um excelente documento", ainda que "ache inoportuna a sua divulgação".[106]

A concordância do professor Angelini, como pode ser percebida, era totalmente verbal, uma vez que limitou-se a elogiar seus termos, mas não aceitou endossá-los. Quanto a Morejón, suas ligações com o governo espanhol de Franco já serviam de parâmetro, e em breve estaria mais preocupado em ganhar dinheiro com a fundação da Faculdade Ibero-Americana, amplamente ligada ao governo ditatorial franquista, que com a liberdade de cátedra no Brasil. Além disso, ele há bom tempo era bastante ligado a Gama e Silva.

Totalmente contra a moção foram as posições dos professores Benedito Castrucci, do curso de matemática, e Laerte Ramos de Carvalho, sendo que esse último alegou, novamente, o respeito aos detentores do poder, pois nesse momento, "estamos enfrentando atos de uma revolução que só nos cumpre acatar os atos do governo", porque "caso contrário, estaremos comprometendo esta Congregação".[107]

Favoravelmente ao manifesto falou o professor Carlos Alberto Barbosa Dantas, discordando dos pronunciamentos anteriores, afirmando a "sua opinião de que a Congregação deve se manifestar em defesa dos professores desta faculdade, o mesmo se dando com o professor França, para quem o tema "é uma questão de ponderação e de uma opção, mas que há um princípio que devemos defender, o da liberdade de pensamento", e que como "defende esse princípio, a ele dará seu voto". Concordou com essas palavras o professor Paschoal Senise, que disse apoiar "o documento, que foi muito bem redigido" e, na qualidade de representante desta congregação junto ao Conselho Universitário, falou como aquele órgão colegiado estava dando sua contribuição "e do empenho dispensado face às aposentadorias de professores", de modo tal que "baseado nesse espírito, concorda com o documento". Outro pronunciamento favorável ao do-

---

[106] ROSENTHAL, ANGELINI e MOREJÓN. *Ata da reunião da Congregação da Faculdade de Filosofia, Ciências e Letras da Universidade de São Paulo,* 6 de maio de 1969, p. 139.

[107] CASTRUCCI e CARVALHO. *Ata da reunião da Congregação da Faculdade de Filosofia, Ciências e Letras da Universidade de São Paulo,* 6 de maio de 1969, p. 139.

cumento foi feito pelo professor Sérgio de Almeida Rodrigues, alegando que "caso contrário, esta casa estaria colaborando com a situação".[108]

Submetido o documento a votação, foi aprovado com nove abstenções e o voto contrário de um elemento da Congregação. Abstiveram-se de votar os professores Laerte Ramos de Carvalho, Armando Tonioli, Julio Garcia Morejón, Isaac Nicolau Salum, Italo Betarello, Manuel Nunes Dias, Erwin Theodor Rosenthal, Ruy Ozório de Freitas e José Ribeiro de Araújo Filho; pronunciou-se pelo voto contrário a professora Amélia Americano Domingues de Castro.

O documento em si mesmo respeitoso e em nada provocativo, portanto, teve contra si dez votos na Congregação, seja sob a forma ostensiva do voto contra, seja pela abstenção. Portanto, a Congregação da Faculdade de Filosofia ficou em posição que, praticamente, era de neutralidade, se não de complacência, ainda que o documento tivesse sido aprovado. Alegava-se a necessidade de defender os direitos de liberdade e opinião e de cátedra, alegava-se estar do lado dos colegas aposentados compulsoriamente, mas não se fazia o mínimo em sua defesa na hora da tomada de atitudes concretas, e isso mesmo se for considerado o quão pouco era contundente o texto do documento apresentado.

A seguir, no encerramento dessa sessão, o professor França sugeriu que se formulasse um apelo aos estudantes e aos professores mais jovens, "no sentido de que evitem manifestações que só poderão ser prejudiciais" e ainda, informando-lhes que "a Congregação já se pronunciou e que deseja um clima que seja favorável as condições de trabalho e de liberdade de pensamento".[109]

Neste sentido, o professor Garcia Morejón propôs que o professor França fosse encarregado de redigir esse documento moderador, que deveria ser também encaminhado ao Conselho Universitário, sendo sua proposta aprovada por unanimidade.

É possível notar, nesse momento, que em se tratando de exortar os estudantes e professores à moderação, havia o apoio unânime dos presentes, o que não ocorria em se tratando de defender a liberdade de cátedra e condenar as aposentadorias. Havia ainda muito conservantismo na Congregação da Faculdade de Filosofia, Ciências e Letras da Universidade de São Paulo, e nada nos autoriza a concluir que essa atitude de complacência para com os atos discricionários do governo federal haveria de resultar favoravelmente para a instituição. Muito pelo contrário, os acontecimentos posteriores demonstrariam o quão inócua foi a abstenção.

Devem ser recordados como exemplos do quanto o governo viria a intrometer-se nos assuntos internos da Universidade vários acontecimentos, como o grave incidente com o professor França, quando alijado de seu cargo

---

[108] BARBOSA, DANTAS, FRANÇA, SENISE e ALMEIDA RODRIGUES, *Ata da reunião da Congregação da Faculdade de Filosofia, Ciências e Letras da Universidade de São Paulo*, 6 de maio de 1969, p. 139.

[109] FRANÇA, *Ata da reunião da Congregação da Faculdade de Filosofia, Ciências e Letras da Universidade de São Paulo*, 6 de maio de 1969, p. 140.

na direção da Faculdade de Filosofia, Letras e Ciências Humanas, em 1973, por recusar-se a delatar os elementos que pudessem ser vistos como subversivos; o funcionamento das restrições às contratações de professores, feitas pela ingerência de elementos pertencentes a chamada comunidade de informações – os tiras e beleguins policialescos do Dops, do DOI-Codi e do SNI –, citados no depoimento do professor Antonio Candido; o reconhecimento da livre atuação desses elementos de segurança pelo professor Antônio Guimarães Ferri, um dos homens de confiança da ditadura, perante a Comissão Parlamentar de Inquérito da Assembleia Legislativa do Estado de São Paulo, presidida pelo deputado Alberto Goldman, que também será visto mais adiante.

O momento, em maio de 1969, era bastante tenso, uma vez que o Ato Institucional n. 5 já estava decretado, mas podemos indagar se termos tão pouco contundentes como os da moção redigida pelos professores França, Cavalcanti de Souza e Benjamin de Lyra eram suficientemente perigosos para ser rejeitados pelo expressivo número de dez nomes na Congregação da Faculdade de Filosofia, Ciências e Letras da Universidade de São Paulo. Indagação que pode ser respondida pela negativa, se considerarmos que nenhum ato de represália resultou de sua aprovação pelos membros restantes da Congregação.

Entretanto, apesar de nesse momento ocorrer, finalmente, a tomada de posição da Congregação da Faculdade de Filosofia, ainda que de modo tão tímido e sem unanimidade, a grande oportunidade da instituição para manifestar-se de modo firme, em defesa de seus membros e da autonomia universitária, foi perdido, no período compreendido entre 1964 e 1968. A omissão da totalidade do colegiado daquela instituição revelou-se, mais que inútil e revelador de pusilanimidade, danoso para a manutenção das liberdades universitárias. Assim foi, uma vez que os avanços da ditadura, com relação aos meios universitários, quase sempre ocorreram quando seus agentes puderam notar a falta de unidade entre os membros das diversas Congregações e do Conselho Universitário, mormente em se tratando da Universidade de São Paulo, a mais importante instituição brasileira de pesquisa científica e de ensino superior, cuja palavra final sempre teria uma grande repercussão nos meios científicos nacionais e estrangeiros.

O depoimento de Antonio Candido sobre os processos de atuação dos mecanismos de "segurança interna" da Universidade de São Paulo

Poucos docentes da Universidade de São Paulo foram dotados de tanto prestígio e cercados de uma aura de respeitabilidade que se igualasse à do professor Antonio Candido de Mello e Souza. Sua contribuição científica é fundamental em dois campos da cultura brasileira: a Sociologia, destacando-se os estudos relativos ao campesinato, e a Teoria Literária, a qual aplicou, magistralmente, os critérios históricos e sociológicos. Além disso, por sua honestidade intelectual, erudição absolutamente rara e, mais que tudo, extrema bondade, sempre foi cercado por um extraordinário carinho por parte de seus alunos, que por ele manifestaram sempre um sentimento de autêntica veneração filial. Daí a sua palavra ter sido merecedora da maior atenção, quando do balanço final sobre os efeitos da repressão e perseguições políticas, feito pelo Adusp e publicado em 1979, destacando-se o seu caso nos depoimentos prestados junto da Assembleia Legislativa do Estado.

Assim, Antonio Candido foi, no período repressivo, além de um dos mais corajosos resistentes, um confidente natural e verdadeiro repositório das queixas dos colegas e dos alunos atingidos, além de conselheiro e assistente de muitos, nas horas amargas, situação que fazia dele um homem dos mais bem informados dos problemas que cercavam a Universidade, quanto à perseguição política. Por esse motivo, o seu depoimento foi dos mais importantes para o quadro de professores membros da Adusp, quando se pôs a investigar o período repressivo no ambiente universitário.

Esse docente não chegou a ser amplamente incomodado, por parte do governo e da polícia política, apesar das suas origens socialistas, as quais jamais negou, tendo sido um membro fundador do Partido Socialista Brasileiro e depois do Partido dos Trabalhadores. Desse modo, ao ser convidado pela Assembleia Legislativa para dar o seu depoimento, o professor Antonio Candido não fez afirmações categóricas, porém, igualmente, não furtou-se a declarar tudo o que ouviu falar, durante o período em que a atuação das forças da repressão esteve mais forte, divulgando as informações que lhe foram confiadas por outros docentes e por estudantes e funcionários. Essas declarações ocorreram em depoimento prestado perante a Comissão Especial de Inquérito daquela casa legislativa, a 18 de agosto de 1977, sob os maiores interesses de seus colegas da universidade, maciçamente presentes ao ato.

Essas informações eram das mais seguras, ainda que em muitos casos não pudessem, no momento, ser comprovadas de modo taxativo, como o próprio depoente fez questão de ressaltar. Por esse motivo, o professor foi cuidadoso, e limitou-se a repetir fielmente o que ouviu dizer, em muitos anos, mas com o cuidado que se fazia necessário. Entretanto, pouco tempo depois, novos fatos iriam comprovar, de modo irretutável, que as declarações de Antonio Candido eram totalmente fundadas, e que os elementos que apresentou como suspeitos eram a pura expressão da verdade.

O teor do depoimento de Antonio Candido: suspeitas que em breve seriam confirmadas

"Eu, pessoalmente, não tenho provas concretas para oferecer a essa Comissão; vou me basear naquilo que se diz na Universidade. Se diz com insistência. Agora, eu não creio que esta atitude seja uma atitude leviana, dizer alguma coisa sem dar provas: [...] não é uma atitude leviana porque eu estou falando perante uma Comissão cujo objetivo é justamente apurar irregularidades. Portanto, essa comissão, talvez, com base nessas coisas que se dizem, [...] possa averiguar o que ocorre", declarou inicialmente o professor Antonio Candido.[110]

Assim, ele deixou claro que se por uma parte não podia fazer qualquer acusação formal, nem por isso seu depoimento passava a não ter pertinência, uma vez que, por outro lado, as informações que lhe chegavam, por vias transversas, eram suficientemente ricas, para que fosse possível chegar a um ponto que esclarecesse os fatos. Suas suspeitas, portanto, apontavam para o lado da verdade, apesar de ele mesmo reconhecer que não tinha provas conclusivas.

"O que consta é que em algum lugar da Universidade, mas não pertencendo à Universidade, estão instalados os agentes de segurança. Esses agentes dependem de serviços que não sei quais são e atuam de maneira regular nos processos de contratação de docentes. Agora, *oficialmente, esses agentes não existem, portanto a sua presença forçosamente tem que ser sempre negada oficialmente*; [...] que se diz, e há indícios disso, é que há na Universidade uma comissão, chamada 'comissão especial' [...] formada por professores da Universidade, e é uma comissão normal, regular, [...] funciona na Reitoria e tem por finalidade examinar os processos de contratação, de nomeação, antes de eles chegarem à última instância. [...] *Quando essa comissão recebe o processo, ela o encaminha aos agentes de segurança* [...] não sei se instalados dentro da Universidade ou fora [...] ou tendo apenas representantes dentro da Universidade, *sem nenhum despacho escrito, de modo que não fica vestígio nenhum*".[111]

Desse modo, a comissão citada pelo professor Antonio Candido se constituía um elemento normal da burocracia universitária, destinada a examinar a documentação necessária às contratações, não agia livremente. Aparte os seus deveres normais, essa comissão era obrigada a pedir o beneplácito dos tiras do Dops e do DOI-Codi, os tais agentes de segurança a que aludiu o professor. E o pior de tudo era o caráter inquisitorial dessa entidade policial que realizava investigações no interior da comunidade universitária, que por ser de atuação

---

[110] Adusp, 1979, p. 55-6.
[111] Grifos nossos, Adusp, 1979, p. 56.

informal e secreta, dava seu veredito sem quaisquer explicações aos vetados e, pior de tudo, não deixando provas de suas ações.

"O processo é então mandado a esses agentes de segurança que, segundo dizem, procedem às diversas investigações que eles julgam necessárias. Consultam os diferentes órgãos de segurança que há no Brasil – que não faltam no momento, órgãos de segurança, de repressão nós temos uma coleção bastante rica. As consultas são feitas a todos esses órgãos e depois de um certo prazo, o processo volta a essa comissão especial (a entidade encarregada de examinar burocraticamente o processo). A comissão, então, passa adiante, a tramitação continua, *mas esse período* (em que o processo esteve sob controle investigativo policial) *não tem registro, esse período não fica registrado no processo*, e portanto [...] *não pode ser provado*. Aí a comissão especial encaminha e o processo sobe às últimas instâncias".[112]

A Universidade, portanto, estava submetida ao controle ideológico de elementos estranhos a seus quadros, que davam o parecer final, denegatório ou favorável, baseado em critérios absolutamente especiais, que poderiam não ficar conhecidos por qualquer elemento da instituição, sejam os professores, seja o reitor, seja o interessado. A vasta coleção de órgãos de segurança a que se referiu o professor Antonio Candido não era, absolutamente, a burocracia normal da polícia, que normalmente é consultada em se tratando de contratações de funcionários públicos, para que se possa saber se o candidato tem contra si qualquer processo criminal, se tem antecedentes penais. Era, ao contrário, a consulta aos muitos órgãos da polícia política, como os diversos Dops e os DOI-Codis estaduais, e os órgãos de informações das Forças Armadas, como o CENIMAR, que operava sob a responsabilidade dos comandos da Marinha e mais os Serviços Secretos do Exército e da Aeronáutica e o SNI, o Serviço Nacional de Informações criado pelo general Golbery, logo depois que a ditadura foi instalada.

Não afirmou Antonio Candido, categoricamente, que esses agentes de segurança fossem membros do SNI – o Serviço Nacional de Informações –, por não ter provas conclusivas, mas todo o teor de seu depoimento dá margem a essa interpretação, uma vez que não exclui essa possibilidade, das mais óbvias, de que os elementos da referida comissão pertencessem a essa entidade, cujos poderes chegaram a dar-lhe *status* semelhante ao de uma quarta força armada.

Como foi posteriormente apurado, esses órgãos chamados *de segurança* não agiam, sequer, de acordo com uma lógica estritamente policial. Em muitos de seus bancos de dados, após a instituição constitucional do *habeas data*, foram apuradas informações absolutamente falsas ou simplesmente suspeitas sem qualquer confirmação, que eram veiculadas como verdadeiras.

---

[112] Grifos e intercalações nossos, Adusp, 1979, p. 56.

Essa tarefa suja estava isenta de quaisquer responsabilidades, segundo a interpretação feita pelo professor Antonio Candido. "A conclusão que se tira [...] do ponto de vista jurídico é que esses agentes de segurança são irresponsáveis, no sentido técnico da palavra [...] eles informam, mas deixam a decisão a quem de direito. Portanto, eles não respondem oficialmente por aquilo que sugeriram ou por aquilo que informaram. Nós podemos até imaginar *que esses pareceres sejam dados oralmente, e a palavra não deixa* [...] *vestígios materiais*". [113]

Reconheceu que houve casos de várias pessoas contra as quais pesavam informações desfavoráveis dos serviços de segurança e que, entretanto, foram contratadas, motivo pelo qual imaginou ser possível a prestação de esclarecimentos retificadores. Desse modo, não se podia dizer que os órgãos da polícia política tivessem poderes absolutos, mas o que pareceu totalmente inaceitável ao professor era o fato de a Universidade de São Paulo ter que dar satisfações a tais entidades e aos beleguins que a compunham.[114]

Raul Careca, o fantasma sempre presente nos fatos da vida diária na rua Maria Antônia

O depoimento de Antonio Candido sobre a presença de elementos dos chamados órgãos de segurança no ambiente universitário foi em grande parte confirmado, pouco depois, com a prisão do delegado do Dops Raul Nogueira Lima, o Raul Careca, devido ao arbitrário assassinato de um jovem que, na ocasião, cumpria o serviço militar, numa das unidades do Exército sediadas em São Paulo. Raul Careca era um policial que desde seus tempos de estudante de Direito, na Universidade Mackenzie, rondava as salas de aula e pátios da Faculdade de Filosofia, Ciências e Letras da Universidade de São Paulo, nos tempos em que estava situada no prédio da rua Maria Antônia.

O assassinato ocorreu por motivo dos mais torpes, discussão na rua por causa de questão de trânsito, e foi cometido devido a Raul Careca não ter notado que seu jovem adversário era um soldado. O comando do II Exército exigiu a prisão imediata do policial assassino, de modo que apesar de sua alentada e bem variada folha de serviços ao Dops ser bastante abonadora, em termos repressivos, Raul Careca não conseguiu livrar-se. A imprensa, então, narrou as suas façanhas, confirmando muito do que se falava a seu respeito, e esse tira foi condenado. Raul Careca, durante muitos anos, foi umas das presenças mais

---

[113] Grifo nosso, Adusp, 1979, p. 56.
[114] Adusp, 1979, p. 57.

constantes na rua Maria Antônia, das mais lembradas no livro de depoimentos de Maria Cecília Loschiavo dos Santos sobre o tempo em que lá se localizava a Faculdade de Filosofia, e muita gente deveu sua prisão à sua atuação.[115]

A liberalização do regime: o arbítrio universitário obrigado a prestar contas à imprensa e em Comissão Especial de Inquérito

Todo o regime de arbítrio vigente na Universidade de São Paulo, durante os anos mais duros do regime militar, acabou sendo posto em questão, de alguma forma, por meio de vários processos. Houve denúncias em jornais, o que ocorreu inicialmente nos órgãos de pequena tiragem, os que eram denominados imprensa nanica, notadamente no período Geisel, época em que apesar de já haver maior liberdade de expressão nesse setor, se o compararmos com o governo Médici, nem sempre tais denúncias puderam ser feitas sem que os editores dessas publicações sofressem ameaças, claras ou veladas e, até mesmo, atentados a bomba e incêndios das bancas que estavam encarregadas de distribuí-las.

Essa divulgação, apesar de útil, não teve inicialmente a eficácia necessária, uma vez que tais periódicos quase sempre eram lidos por um público restrito, mais intelectualizado, e que, por isso mesmo, era o que menos precisava ser informado com pormenores sobre a repressão política empreendida pelos governos militares.

Com o tempo, todavia, a grande imprensa passou a dedicar um maior espaço ao tema em questão, de modo que a maior parte dos leitores – os que não se interessavam pela imprensa nanica – começou a ficar mais informada sobre essas questões de um passado que ainda era muito recente.

Igualmente, as sessões da Sociedade Brasileira para o progresso da Ciência foram ocasiões em que tais arbítrios puderam ser denunciados com maior amplitude, como nos encontros realizados por essa entidade em Belo Horizonte, no ano de 1975, em Brasília, no ano seguinte e duas das levadas a efeito em São Paulo, em 1977 e 1978. Todos esses encontros foram bastante noticiados nos jornais e os pronunciamentos dos elementos mais críticos divulgados com bastante interesse pelos jornalistas.

Os debates na imprensa acabaram resultando na publicação de coletâneas de artigos veiculados pela imprensa e textos discutidos em congressos, como o caso já citado do livro *A crise na USP*, por iniciativa da Adusp, e o dossiê de

---

[115] SANTOS, Maria Cecilia Loschiavo. *Maria Antônia: uma rua na contramão*. São Paulo: Nobel, 1988, passim.

nome *O Livro Negro da USP*, veiculando não somente as matérias que a imprensa havia divulgado, como também os textos decorrentes do regime militar e de sua política educacional.

Os homens da ditadura inquiridos pela Assembleia Legislativa de São Paulo: a ação da Comissão Especial de Inquérito

Entretanto, os principais males desse tempo no âmbito universitário seriam postos a nu, de maneira mais cabal, quando da realização da Comissão Especial de Inquérito promovida pela Assembleia Legislativa do Estado de São Paulo, cujos resultados foram publicados pelo *Diário Oficial do Estado* a 30 de setembro de 1977, como ocorrem com todos os pronunciamentos e atos oficiais do Legislativo. Os depoimentos citados como de responsabilidade do professor Antonio Candido ocorreram diante dessa comissão, que depois de ouvi-lo, assim como a outras testemunhas e informantes de valor, para a constituição do corpo do inquérito, passou a inquirir os homens que até bem pouco tempo exerciam poderes dos mais dilatados na Universidade de São Paulo, como fiéis executores da política governamental.

Dessa comissão participaram, entre outros deputados, um dos parlamentares emedebistas mais atuantes daquela ocasião, Alberto Goldman, que estava então bastante vinculado ao Partido Comunista Brasileiro, ainda em estado de ilegalidade, mas que fazia eleger seus representantes por meio da legenda oposicionista que era legalmente aceita, o MDB.

Foi ouvido pela comissão um dos professores que mais serviram a ditadura ao ocupar cargos de grande importância na direção da Universidade de São Paulo, Antônio Guimarães Ferri. E, de acordo com *O Livro Negro da USP*, foi devido a um descuido desse professor e administrador universitário, um lapso, que pôde ser confirmada oficialmente a existência de controle ideológico naquela instituição, exatamente por ser o professor Ferri um dos elementos que por sua própria situação funcional estava em contato com seus agentes operadores.[116]

Ao ser indagado pelo deputado Goldman sobre os motivos pelos quais havia grande demora para que se procedesse às contratações que se faziam necessárias para o bom andamento das atividades universitárias, o professor Ferri alegou que "os processos de contratação na Universidade são realmente demorados", porque "tramitam pela Universidade e *tramitam também por outros órgãos de fora da Universidade para que os docentes sejam contratados*". E quando

---

[116] Adusp, 1979, p. 59.

o deputado indagou sobre quais seriam os órgãos fora da Universidade, foi o exato momento em que ocorreu o escorregão de Guimarães Ferri: "O Ministério da Educação. E o *Serviço de Segurança do Ministério*". Declarou ele, alegando que era essa a entidade que dava o parecer sobre as contratações, quando Goldman, habilmente, afirmou não saber da existência desse órgão do MEC e de que se ocupava.[117]

Esse momento de inabilidade do depoente confirmou, plenamente, o depoimento de Antonio Candido, de 18 de agosto de 1977, pouco mais de um mês antes, portanto.

A seguir, Goldman indagou sobre o que fazia tal órgão, e Ferri alegou que era "um organismo que toma informações sobre os docentes". A essa afirmação, nova pergunta de Goldman: "É um trabalho policial?", o que Ferri, confirmou, inicialmente, para depois tentar corrigir: "Eu não diria policial, mas *profissional*". E ouviu uma nova pergunta do parlamentar oposicionista: "Não é da Secretaria da Segurança. *É um serviço de segurança no Ministério da Educação, instalado fora da Universidade, que verifica os currículos e as atividades atuais ou pregressas, digamos assim, dos prováveis contratados?*". A essa pergunta, o professor Ferri respondeu do modo mais afirmativo, sem deixar qualquer margem de dúvida: "*Perfeitamente*".[118]

Configurava, pois, a situação de subserviência a que a Universidade de São Paulo estava submetida, pela imposição de ter que pedir referências de um órgão que nem sequer era dotado de existência formal nos organogramas oficias.

Em resposta à pergunta posterior, Antônio Guimarães Ferri, igualmente, reconheceu que essa comissão de segurança não tinha existência legal, segundo os estatutos da Universidade de São Paulo, e que se tratava genericamente de "uma medida de exceção que está sendo cumprida em todas as universidades", uma vez que, segundo suas expressas palavras, "o reitor é obrigado a fazer passar pelos órgãos de segurança os contratos que efetua, da mesma maneira que é obrigado a exigir de todos os funcionários que são admitidos que tirem seus documentos nos cartórios, no Fórum e em outros organismos externos à Universidade".[119]

Antônio Ferri deixou claro, assim, que paralelamente à exigência legal de atestado de bons antecedentes, que comprove não ser o candidato pessoa envolvida em atos criminosos, como o caso citado dos documentos de cartório, do Fórum e outros órgãos, entidades dotadas de existência legal e destinadas a fornecer documentação exigida por lei, havia ainda o já citado controle ideológico, realizado por entidade destituída de existência formal e, por esse específico mo-

---

[117] Grifos nossos, Adusp, 1979, p. 59.
[118] Grifos nossos, Adusp, 1979, p. 60.
[119] Adusp, 1979, p. 61.

tivo, irresponsável por seus atos, em termos jurídicos, tal como foi a afirmativa do professor Antonio Candido. O fato de tal entidade não ter amparo legal fazia com que não pudesse sequer dar um despacho por escrito, ou informações que fizessem fé publicadas, segundo as normas jurídicas vigentes.

O reitor negou o óbvio: não reconheceu a existência de controle ideológico externo

Pouco depois do depoimento do professor Ferri, a 5 de outubro de 1977, o *Diário Oficial do Estado*, em sua seção referente aos trabalhos da Assembleia Legislativa, publicou o texto referente ao depoimento prestado pelo professor Modesto Carvalhosa, presidente da Adusp, na mesma Comissão Especial de Inquérito, em que interveio o mesmo deputado Alberto Goldman, ocasião em que esse parlamentar deu conta de que, ao procurar o reitor Orlando Marques de Paiva, recebeu dessa autoridade a negativa categórica de que a Universidade de São Paulo se submetesse ao controle ideológico de qualquer órgão policial político de segurança. A mesma autoridade universitária declarou "estar espantado" com a notícia expressada pelo professor Antônio Guimarães Ferri e que nada poderia dizer a respeito da questão.[120]

O assunto, quando levado a público, portanto, estava distribuído entre dois extremos, com alguns negando a sua existência, como foi o caso do reitor Marques de Paiva, outros o admitindo, por descuido, como Guimarães Ferri; havia quem não duvidasse de sua existência, ainda que evitasse fazê-lo por meio de afirmações categóricas, por insuficiência de provas, como o professor Antonio Candido. Agora surgia o professor Carvalhosa, com afirmações taxativas sobre a existência desse controle ideológico.

Entre os depoimentos desse professor e dirigente classista está o que se refere ao professor Fuad Daher Saad, da área de Física, que contestava as negativas do reitor Orlando Marques de Paiva a respeito da existência de triagem ideológica na Universidade de São Paulo. Carvalhosa exibiu a carta que lhe foi endereçada pelo professor Saad, em que esse docente expôs a sua situação indefinida, uma vez que a Universidade não se pronunciava sobre sua contratação.

Modesto Carvalhosa reconheceu a dificuldade que os professores atingidos encontravam em poder fazer acusações cabais, não só pela falta de qualquer comprovação – já fora salientado pelo professor Antonio Candido que esses pareceres denegatórios nunca eram dados por escrito –, mas também porque

---
[120] Ibidem, p. 62.

temiam ficar marcados, perdendo, assim, oportunidades futuras de se candidatarem a outros empregos, para os quais poderiam ser aprovados, seja no ensino público, seja no privado.[121]

Essa afirmativa do presidente da Adusp tem alto grau de probabilidade, uma vez que já estava claro – e as investigações posteriores o confirmaram – que os critérios usados pelos órgãos de informações eram suficientemente subjetivos, de modo que não ficava descartada a possibilidade de, em outra ocasião, uma candidatura anteriormente rejeitada receber depois o *nihil obstat* dos informantes policiais.

Pouco depois, ocorria o depoimento do reitor Marques de Paiva, transcrito no *Diário Oficial do Estado* a 6 de dezembro de 1977, ocasião em que os deputados Almir Pazzianotto Pinto e Alberto Goldman submeteram-no a severo interrogatório, indagando sobre os processos de contratação do professor Fuad Daher Saad, que estava parado na Reitoria e que referia-se ao Departamento de Física. Vieram à discussão outros nomes, entre eles os dos professores Marilisia Berti de Azevedo Barros, Carl Peter von Dietrich e Antônio de Azevedo Barros Filho, os três da Faculdade de Medicina de Ribeirão Preto, a primeira no Departamento de Medicina Social, o segundo, no de Bioquímica e o terceiro, no Departamento de Ginecologia e Obstetrícia e Pediatria, e mais os casos das professoras Odette Carvalho de Lima Seabra e Maria Niedja Leite de Oliveira, no departamento de Geografia da Faculdade de Filosofia, Letras e Ciências Humanas e Luís Silveira Mena Barreto, do Departamento de Fisiologia e Farmacologia do Instituto de Ciências Biológicas.

O caso Saad: o processo demorou três anos na Reitoria para ser finalmente arquivado

No tocante ao professor Fuad Daher Saad, em 20 de março de 1973 o Departamento de Física declarou haver recursos para a contratação daquele especialista e, seis dias depois, encaminhou o processo à apreciação do reitor Marques de Paiva. Três anos depois, a 13 de março de 1976, aquela autoridade ordenou o arquivamento do processo, sem explicações ao interessado ou ao Departamento.

Marques de Paiva foi inquirido pelo deputado Pazzianotto, e este reafirmou que "jamais qualquer entidade, comissão ou pessoa exerceu pressão sobre o reitor, pois eu não permitiria". Alegou que "o reitor não é obrigado a nomear, simplesmente porque o Departamento indicou um nome", e isso, porque "a ser

---
[121] Idem.

essa a orientação, eu teria, a essa altura do campo docente da Universidade de São Paulo estelionatários, falsários – um deles, encontrado com 9.800 dólares falsos – e outros dessa ordem". Por esse motivo, entedia ser "absolutamente legítimo o procurar-se saber que tipo de docente está sendo indicado", o que achava "corretíssimo". Desse modo, era "um direito legítimo e inalienável do reitor escolher ou deixar de escolher, sem atender a critérios outros que não sejam os de conveniência da própria Universidade".[122]

A resposta do reitor não convenceu, uma vez que ao ser inquirido sobre um caso específico, o da contratação do professor Saad, sobre por que motivo houve a demora de três anos para que se emitisse um parecer, ocorrendo, finalmente, o arquivamento do processo, sem qualquer explicação, deu uma resposta evasiva, justificando os motivos genéricos pelos quais o reitor deve fazer investigações sobre os nomes propostos, para que não corresse o perigo de contratar uma pessoa com antecedentes criminais. Entretanto, não fez ele, naquele momento, qualquer alusão desabonadora ao bom nome do professor Fuad Daher Saad. Recebeu o processo referente à contratação daquele docente, presume-se que fez as investigações de praxe, negou-se a contratá-lo, como solicitava o Departamento de Física, e sumariamente arquivou o caso. Agora, para explicar por que negou-se a contratar esse professor, limitou-se a expor como era o processo de informações sobre os candidatos, e nada mais.

Mas como o professor Daher Saad não apresentava os antecedentes criminais que poderiam desabonar seu nome, o deputado Goldman tomou imediatamente o problema em mãos, para saber qual era a razão para seu processo terminar com um liminar arquivamento, a despeito do parecer favorável dum órgão da importância do Departamento de Física. A medida denegatória, pois, se não fosse o resultado de triagem ideológica, seria a consequência do puro e simples arbítrio pessoal do reitor. Aproveitou a ocasião para citar os casos dos professores Von Dietrich, Marilisia Berti de Azevedo Barros, Odette Carvalho de Lima Seabra, Maria Niedja Leite de Oliveira, Luis Silveira Mena Barreto e Antônio de Azevedo Barros Filho.

"Em primeiro lugar, não posso entender como é que a Reitoria da Universidade de São Paulo, num processo como este, por exemplo, do professor Fuad Daher Saad, tem dados para saber determinadas coisas", inquiriu o deputado Alberto Goldman. "Quem era ele? Estelionatário, falsário, incurso ou condenado pela Lei de Segurança Nacional? Não sei se vinha sendo processado por alguma coisa. Não vejo, no processo, nenhuma espécie de certidão criminal ou de auditoria militar que leve à conclusão de que sequer estava sendo processado por alguma coisa. Portanto, *é um cidadão pleno em seus direitos. Alguma coisa*

---

[122] MARQUES DE PAIVA, *in* Adusp, 1979, p. 68.

fez com que, depois de haver pareceres positivos (do Departamento de Física, que solicitou sua contratação), o reitor escrevesse: '*Arquive-se*'. Esse 'arquive-se', evidentemente, *não é algo caído do céu, é algo motivado por alguma coisa*. Então, é preciso que se entenda o que é esse 'arquive-se'. Pelo menos, nos três casos que temos em mãos".[123]

O motivo para o arquivamento do processo de Fuad Daher Saad pode ser encontrado da lista de delações elaboradas em 1964 pelos professores Teodureto Faria de Arruda Souto, Moacyr Amaral dos Santos e Jerônimo Geraldo de Campos Freyre. Era Fuad Daher Saad o representante discente na Congregação, em 1964, e nessa condição, foi incluído na volumosa lista de "subversivos" que aqueles três catedráticos elaboraram.

O reitor negou quaisquer informações desabonadoras sobre a pessoa do professor Saad, alegando que no que toca às contratações, "essa decisão é puramente pessoal" e que não tinha "presentes as razões que me levaram a fazer isso, porque, é claro, não tenho dados a respeito de todos os processos em mãos" e que "não existem dados fora do processo, mas se existem informações, que eu posso obter, a respeito do comportamento do cidadão" e que o candidato "não é obrigado a me apresentar nenhum atestado ideológico, nem é obrigado, a menos que o queira fazer, a apresentar atestado de seu comportamento e da sua idoneidade moral", mas que "ainda assim é minha obrigação conhecer" e deu sua palavra de honra que "todas as decisões foram tomadas por mim", razão pela qual "não há o que pensar sobre o que teria levado a determinada decisão" e que sendo assim, podia "ater ter errado, numa de minhas decisões".[124]

Portanto, pelo texto da declaração do reitor, fica claro, nesse ponto, que ocorreu alguma interferência externa, apesar de sua negativa, uma vez que não deu ele qualquer explicação convincente sobre o motivo que o levou a arquivar um processo já aprovado pelo Departamento de Física, a unidade interessada nessa contratação, que já havia procedido à seleção profissional do candidato. Assim foi, uma vez que as palavras do reitor não confirmaram haver qualquer dado desabonador sobre a pessoa do professor Fuad Daher Saad, do gênero dos antecedentes criminais. Desse modo, cabia o prevalecimento da decisão do Departamento de Física, o órgão diretamente interessado, e ao reitor apenas a tarefa de referendar o ato, uma vez que nenhum óbice criminal existia.

Evidentemente, ao defender-se dessa decisão denegatória, o reitor Marques de Paiva não alegou qualquer informação policialesca contra o nome do professor Saad, como as constantes da delação de 1964.

---

[123] Intercalação e grifos nossos. GOLDMAN, *in* Adusp, 1979, p. 69.
[124] MARQUES DE PAIVA, *in* Adusp, 1979, p. 69-70.

O caso Von Dietrich: o bioquímico era suspeito porque a esposa teria viajado para Cuba

Outro episódio levado à Comissão de Inquérito da Assembleia Legislativa de São Paulo era o referente ao contrato do professor Carl Peter von Dietrich, professor adjunto do Departamento de Bioquímica da Escola Paulista de Medicina, que apesar de aprovado para ocupar o cargo de professor titular do Departamento de Bioquímica da Faculdade de Medicina de Ribeirão Preto, esperava há dois anos a contratação, sem receber qualquer resposta. Havia ele ingressado com a documentação em 1974 e em 1976 ainda esperava pela homologação, quando tomou conhecimento de que seu processo havia sido arquivado.

Soube-se então, que o arquivamento havia ocorrido "por motivos alheios à Universidade", conforme a denúncia do professor Antônio Carlos Camargo, o representante dos livre-docentes no Conselho Universitário, conforme texto de carta por ele publicada no jornal *Folha de S.Paulo* e que motivou as providências daquele professor, solidário com o colega discriminado, e mais os professores André Ricciardi Cruz, diretor da Faculdade de Filosofia de Ribeirão Preto e Silvio Vergueiro Forjaz, diretor da Faculdade de Medicina interessada na contratação do professor Von Dietrich.[125]

O professor Camargo declarou que tantas foram as queixas de casos semelhantes, em diversas unidades da Universidade de São Paulo, que resolveu informar-se, interessando-se especialmente pelo caso do professor Von Dietrich, seu amigo, sobre o qual nenhuma informação desabonadora podia ser levantada: "Estarreceu-me saber que *não se tratava, especificamente, do professor Von Dietrich, mas de sua esposa, que sujou a água do córrego, indo a um congresso em Cuba*", expôs aquele docente. "O magnífico reitor incumbiu o dr. Léo [funcionário burocrático da Reitoria] de tratar comigo desse assunto. Soube, nessa ocasião, que a esposa do professor Von Dietrich, que é pesquisadora da Secretaria da Agricultura do Estado de São Paulo, *nunca esteve em Cuba*", prosseguiu. "Pedi ao dr. Léo que me fornecesse a data daquele referido congresso e por sua vez, não consegui obtê-la, desanimando-me a prosseguir, pois (o dr. Léo) disse-me que não era apenas aquela acusação que pesava contra ela".[126]

O alegado congresso em Cuba, certamente, era mera desculpa, uma vez que não foi apresentada qualquer prova sobre o comparecimento da esposa do professor Von Dietrich. Igualmente, o citado dr. Léo não explicou quais eram os delitos que pesavam contra a esposa do professor Von Dietrich. Mas mesmo que

---

[125] Adusp, 1979, p. 63.
[126] Grifos e intercalações nossos, CAMARGO, *in* Adusp, 1979, p. 63-4.

tivesse ocorrido o seu comparecimento a esse encontro em Cuba e que houvessem dados desabonadores sobre a sua pessoa, fossem da espécie que fossem, o que não se justificava era tal alegação contra o marido, como o motivo para impedir sua contratação pela Universidade de São Paulo, até mesmo se fosse considerado o fato de, naquela ocasião, ser ele o professor dum importante centro de ensino médico, a Escola Paulista de Medicina, estando, pois, plenamente capacitado para o exercício da docência e da pesquisa.

O professor Camargo confirmou plenamente essas declarações diante da Comissão Especial de Inquéritos, estando o documento de suas declarações transcrito no *Diário Oficial do Estado* de 11 de outubro de 1977.

Apesar de serem esses os casos citados no dossiê da Adusp, é possível imaginar que muitos outros ocorreram e que não tiveram prosseguimento ou publicidade porque os interessados não tinham perspectivas de serem contratados ou acabaram encontrando outros empregos e assim, deixaram de lado o caso. Trata-se de possibilidade das mais claras, nos tempos do arbítrio institucionalizado, que se por um lado podem decorrer da palavra dos órgãos de segurança, por outro podem, igualmente, ser a consequência de atuações pessoais, quer de um reitor, quer de funcionários graduados da burocracia universitária, como o citado dr. Léo, quer, ainda, de informantes colocados à sombra. Trata-se de caso dos mais típicos dos tempos de arbítrio, que justificam as afirmações de Milton Campos, de que na ditadura pode ser mais digno de temor o guarda-noturno que o próprio ditador.

Esses casos são bastante esclarecedores de como foi o controle ideológico e a triagem política de professores, no tocante ao contrato para a Universidade, problema que somente veio a público depois que o regime militar começou a ser liberalizado, com o início da política de Geisel de distensão lenta e gradual. Nesse momento de cátedra e de completa autonomia universitária, que somente foi conseguida quando, já no governo Figueiredo, pôde ocorrer o retorno à Universidade de São Paulo dos professores aposentados que assim o desejassem, em virtude da decretação da anistia ampla e gradual pela qual lutaram os setores mais organizados da sociedade brasileira, a partir do governo Geisel.

Conclusão

O processo final de redemocratização da vida política brasileira, que se desenvolveu no decorrer do governo do general João Batista Figueiredo, conduzido aos trancos e barrancos por esse presidente, que não se mostrou dos mais hábeis nessa tarefa, acabou fazendo com que, juntamente com a anistia ampla, ainda que de início não fosse não irrestrita, finalmente conseguida, tanto os professores quanto os pesquisadores excluídos pelas cassações de 1964 e todos os atingidos pelo Ato Institucional n. 5 pudessem, assim, recuperar seus cargos. A anistia ampla, ainda que não irrestrita por não incluir os militares afastados, foi conseguida no final de grandes lutas e pressões de toda a sociedade civil, de modo que jamais poderá ser vista como simples doação do governo, ainda que a política iniciada por Geisel e prosseguida por Figueiredo caminhasse no sentido de liberalizar progressivamente o controle político, até que a normalidade democrática voltasse a imperar, por meio do pleno retorno ao estado de direito.

Esse processo não foi uma simples dádiva governamental, por ter se constituído no fruto de uma lenta e das mais trabalhosas conquistas da sociedade civil brasileira, e isso, nos casos da resistência que, com extremas dificuldades, foi levada a efeito já a partir de 1964, mas principalmente quando se acentuou, nos finais do período Geisel, e desenvolveu-se, plenamente, no decorrer do governo de seu sucessor. Dessas reivindicações de redemocratização nacional, que foram bastante generalizadas, participaram os mais amplos e variados setores da sociedade civil e, entre eles, a própria instituição universitária do país, com praticamente todos os segmentos da Universidade de São Paulo destacando-se nessa luta, com exceção dos que estavam tão comprometidos com a repressão, que preferiam não aparecer grandemente.

Não é possível entender a redemocratização apenas como uma concessão dos militares, apesar desse processo ter se constituído a partir de um programa elaborado por alguns dos estrategistas políticos mais importantes do governo, entre os quais se destacou o general Golbery do Couto e Silva, uma vez que estavam esses planejadores se antecipando a um movimento de afluxo das reivindicações populares e das exigências de abertura. Desse modo, mesmo sendo os militares o setor forte da sociedade, concordaram eles em abrir todo um processo de liberalização, ainda que faltasse muito para que tal processo pudesse ser considerado de redemocratização nacional.

Foi, em grande parte, uma abertura iniciada dentro do regime para fora, tal como a espanhola, em que depois da morte do general Francisco Franco as forças políticas da direita franquista sentiram não ser mais possível barrar o avanço das conquistas populares. No Brasil, as conquistas democráticas em questão deveram muito aos esforços da sociedade civil – na época, conceituadas como todas as forças que não pertenciam ao governo, como o fez Fernando Henrique Cardoso – e acabaram sendo entendidas pelo Estado como potencialmente perigosas, se fossem deixadas a si mesmas.[1] Assim, a ruptura pactuada brasileira seguiu um longo processo de onze anos, iniciado em 1974 e somente levado a efeito com a eleição de Tancredo e Sarney em 1985, como um meio de impedir que as massas tivessem uma ascensão mais pronunciada, ainda que a importância de seu papel não possa ser negada.[2]

Além das dificuldades apresentadas por setores civis descontentes com a política oficial de liberalização do governo federal, tal como estava sendo levada adiante, que oferecia alguma margem de atuação e oportunidade de participação de elementos da oposição, houve bastante descontentamento de alguns setores militares, pois o general Figueiredo estava muito longe de agradar a todos os seus companheiros de farda, como é possível notar pelos depoimentos taxativos do general Hugo Abreu.[3]

Entre os políticos que até o governo Geisel fizeram parte do governo ou, pelo menos, deram-lhe apoio, como membros da Arena, o partido governista que seria reformulado com a chegada de Figueiredo ao poder com o nome de PDS, começaram a aparecer os que por qualquer motivo passaram a querer modificações, a ampliação da abertura, a volta dos militares aos quartéis e até mesmo as eleições diretas.

Em oposição ao ritmo em que seguia a abertura democrática estavam pelo menos dois setores, os mais vinculados à direita militar, e que temiam a possibilidade de ter os seus atos levados a público e, concomitantemente, os políticos civis direitistas e mais conservadores que aqueles que já ensaiavam críticas ao governo, e que temiam as mudanças, uma vez que essas impediriam que a transição ocorresse sob o seu controle. Nesse ponto, destacam-se os nomes dos generais Newton Cruz e Rubem Ludwig, entre os setores da direita fardada, e no meio civil, o discutido político paulista Paulo Salim Maluf, desejoso, há muito, de ser presidente da República e de tal modo, descontente com a possi-

---

[1] CARDOSO, apud STEPAN, Alfred. *Os militares: da abertura à Nova República*. 2. ed. Rio de Janeiro: Paz e Terra, 1986, v. 92, p. 11. Trad. Adriana López e Ana Luíza Amendola. (Estudos Brasileiros).

[2] MOISÉS, José Álvaro. Brasil, a transição sem ruptura. *In Militares: pensamento e ação política*. Eliézer Rizzo de Oliveira (org.). Campinas: Papirus, 1987. v. 1, p. 33 (Forças Armadas e Sociedade).

[3] ABREU, Hugo. *O outro lado do poder*. Rio de Janeiro: Nova Fronteira, 1979.

bilidade do controle do processo passar para as mãos de setores que até então haviam sido oposicionistas, pois com isso, suas chances para a Presidência estariam reduzidíssimas, ainda mais se fossem pelas eleições diretas, uma vez que era elevadíssimo o índice de recusa popular a seu nome, naquele momento.[4]

Dos setores universitários que não podem deixar de ser levados em conta, no processo de democratização do regime e de volta ao pleno estado de direito, é de especial interesse para nosso trabalho a Adusp – Associação de Docentes da Universidade de São Paulo. Essa entidade constituiu-se já nos períodos finais do governo militar e, se não pôde ser organizada e atuar nas lutas pela recondução dos professores e pesquisadores excluídos, por não ter condições de atuação, cerceadas que estavam às lutas nos primeiros governos militares, teve a possibilidade de agir livremente na época do governo Figueiredo. Foi, pois, nesse preciso momento, que se tornaram decisivas as ações das entidades democráticas de toda a sociedade civil, entre elas a Adusp.

Da grande importância dessa entidade é testemunha um dos mais eloquentes documentos redigidos a respeito dos atos da repressão no meio universitário, ainda que seja um dossiê de pequenas dimensões materiais, denominado *O Livro Negro da USP*, de 1979, elaborado num momento de grande significação, quando o país encaminhava-se para a normalidade democrática, por um lado, no início do governo Figueiredo, enquanto a Universidade de São Paulo, assim como a Unesp e a Unicamp, enfrentavam a má vontade do último dos governadores de Estado que atingiram o poder por meio da eleição indireta, Paulo Salim Maluf. Esse político, aliás, iniciou a sua carreira com o governo militar, quando exerceu a presidência da Caixa Econômica Estadual, antes de ter sido nomeado prefeito de São Paulo, o primeiro a exercer esse cargo por meio desse processo, por favorecimento do segundo dos presidentes militares, o marechal Costa e Silva.

Quanto ao estudo desse momento específico, que decorreu durante o governo Figueiredo, não se pode deixar de ter em conta que o Exército já havia deixado de apresentar grandes projetos nacionais, situação que veio a ser referendada pela nova Constituição de 1988.[5]

---

[4] Maluf acabou se recuperando dessa alta rejeição, com o passar do tempo, após sua derrota no Colégio Eleitoral para a sucessão de Figueiredo. O fato de haver se recuperado fica atestado por haver conseguido boa votação nas eleições de 1986 para o governo estadual de São Paulo, obtendo o terceiro lugar, após Orestes Quércia, do PMDB, e Antônio Ermírio de Moraes, do PTB, e antes de Eduardo Matarazzo Suplicy, do PT. Nas Eleições para a Prefeitura de São Paulo, em 1988, Maluf conseguiu o segundo lugar, derrotado por Luiza Erundina de Souza, e na sucessão de Quércia, em 1990, ficou em segundo lugar, no primeiro turno, disputando o segundo turno com o peemedebista Luís Antônio Fleury Filho, sendo então derrotado, mas conseguindo votação superior à do PT, cujo candidato era Plínio de Arruda Sampaio. Nas eleições municipais de São Paulo, em 1992, Maluf disputou com o petista Eduardo Matarazzo Suplicy, vencendo-o nos dois turnos.

[5] Quanto a esse desempenho, a Constituição de 1988 reserva às Forças Armadas, tão somente, as clássicas funções de defesa nacional, contra agressões externas – a única situação em que pode, pela urgência típica dessa espécie de acontecimento, agir de imediato, sem necessitar ouvir previamente as instruções do presidente da República, seu comandante supremo – e, em situações muito bem definidas, e apenas

Esse distanciamento da política por parte dos militares pode ser visto como fruto do desgaste de sua presença nessa arena de enfrentamento que não é a sua, quando cederam vez aos políticos civis. E com esse processo acentuou-se o retorno das tarefas dos intelectuais das universidades como os elementos por excelência destinados a fazer o exame e a crítica das condições de vida social e da organização da sociedade e de seu funcionamento, com a clara adesão de membros dos corpos universitários a muitos dos partidos políticos que vieram a surgir desde o início do governo Figueiredo.

No que se relaciona à estrutura político-econômica do país, não era possível negar que, depois do governo militar, o Brasil havia ingressado, definitivamente, no sistema das relações capitalistas de produção, ainda que todos saibamos existirem ainda bolsões em que as relações de trabalho não passam pelos critérios do capitalismo ocidental, havendo ainda relações pessoais de prestação de serviço, notadamente nas áreas em que ainda se faz presente o coronelismo como sistema de relações econômicas, sociais e políticas. Persiste, ainda, nas áreas pioneiras, como são numerosos os casos na Amazônia, o grave problema do trabalho escravo, disfarçado sob a capa do endividamento, velho problema que vem da República Oligárquica, e que tantas vezes é denunciado pelos cientistas sociais, líderes comunitários, dirigentes religiosos e políticos dos partidos populares.

Todas essas mudanças são essenciais para que se possam entender as transformações que se esboçaram no decorrer do governo Geisel e apresentaram-

---

após a expressa solicitação dos governos estaduais, caso não tenha ocorrido intervenção do Estado, agir para a manutenção da ordem interna.

Quanto ao fato de o Exército e as demais Forças Armadas não terem mais, a partir do término do governo Figueiredo, feito qualquer intervenção na vida política nacional, basta recordar o caso do *impeachment* do presidente Fernando Collor de Mello, em que os comandos militares se limitaram a observar os fatos, atentamente, evitando, com todo o cuidado, quaisquer declarações. No que se relaciona à manutenção da ordem interna, é digno de nota que somente após solicitação das autoridades estaduais as tropas do Exército entraram em operações destinadas a manter a ordem, no presente momento. Cumprem, assim, o preceito constitucional que delimita as suas funções à segurança externa.

Assim, soldados de infantaria e dos regimentos de blindados realizaram operações destinadas a manter a segurança interna da cidade do Rio de Janeiro, em 1992, quando da realização da conferência internacional de Ecologia, para prevenir as ações de marginais contra os delegados e turistas estrangeiros; participaram de batidas em favelas, em busca de traficantes de drogas e da apreensão de armas de guerra, em poder desses criminosos – muitas delas, roubadas ou desviadas do próprio Exército –, e ainda, nas eleições gerais de 1994, após solicitação superior, participaram do policiamento do estado de Alagoas, uma vez que o Superior Tribunal Eleitoral julgou não poder, devido a várias evidências de cumplicidade com os interesses do governo estadual exercido por Geraldo Bulhões, confiar na ação mantenedora da ordem por parte das tropas da Polícia Militar daquela unidade da Federação.

O mesmo ocorreu no episódio das fraudes eleitorais no Estado do Rio de Janeiro, no mesmo pleito, em que diante de denúncias e ameaças aos magistrados que pretendiam realizar apurações limpas e, por isso, sofreram atemorizações e coerções do crime organizado, surgiu a ocasião para que tropas de infantaria se encarregassem de fazer o policiamento dos recintos de apurações e garantir a segurança pessoal dos presentes em geral e dos magistrados e escrutinadores em especial. Carros de combate blindados, nessa ocasião, atuaram no transporte das urnas, das seções eleitorais para os centros de apuração, para evitar que fossem roubadas.

-se com mais clareza no de Figueiredo, pois sem que o sistema revelasse o seu colapso, o esgotamento de suas propostas, não haveria a mobilização mais intensa no sentido de que se exigisse maior participação dos setores excluídos em 1964. Dentro desses setores estavam os universitários punidos com as aposentadorias forçadas, até então proibidos de retornarem a suas salas de aula e institutos de pesquisa.

Uma questão de grau: as diferenças entre liberalização e democratização do regime

Entre as dificuldades encontradas para a volta às condições de normalidade democrática podem ser vistas aquelas que se relacionam com a própria dinâmica da intervenção militar, no que toca à preservação da unidade institucional, segundo os dizeres dos depoimentos de diversos militares, coletados por Maria Celina D'Araújo e colaboradores. "Tanto a entrada dos militares no governo, a partir de uma conspiração espontaneísta e mal-articulada, quanto a sua saída, foram ditadas por esse princípio maior da unidade: a entrada em 1964 foi rápida para garantir a unidade diante da possibilidade de uma guerra civil, mas a saída foi demorada para garantir essa mesma unidade diante das ameaças dos radicais de direita".[6]

Quanto a essa concepção de que o Golpe de 1964 tivesse sido uma conspiração espontânea e mal articulada, que teria se iniciado com a movimentação de tropas ordenada pelos generais Mourão Filho e Carlos Luís Guedes, a partir de Minas Gerais, e triunfante quase que por uma obra do acaso, há a objeção bem documentada de Dreifuss.[7] Entretanto, vale a observação dos membros da equipe de Maria Celina D'Araújo quanto às grandes dificuldades para a condução do processo político, em especial quando ficou evidente ser imprescindível a saída dos militares do governo, mas que tal manobra deveria ocorrer de modo suficientemente seguro para que não houvesse convulsão social, ao lado dos temores de represálias por parte dos excluídos de 1964.

Além disso, é fundamental que observemos as diferenças entre a mera liberalização, suscetível de ocorrer na esfera da sociedade civil, como nos aspectos referentes à liberdade de imprensa e sensível diminuição da violência cometida pelos órgãos governamentais de repressão, e uma real democratização, na

---
[6] D'ARAÚJO, Maria Celina; SOARES, Gláucio Ari Dillon e CASTRO, Celso (orgs.). *Visões do golpe. A memória militar sobre 1964*. 2. ed. Rio de Janeiro: Relume Dumará, 1994.

[7] DREIFUSS, René Armand. *1964: a conquista do Estado. Ação política, poder e golpe de classe*. 5. ed. Petrópolis: Vozes, 1987, p. 188, 230, 361, 397, 485, 730.

esfera da sociedade política, sob a forma de maior participação popular ativa nas esferas decisórias.

Nesse ponto, um agudo observador foi o cientista político Alfred Stepan, que analisou tanto a distensão lenta e gradual, a partir de Geisel, quanto a abertura, com Figueiredo, a partir das posições assumidas pelos mais expressivos intérpretes militares da doutrina política e do pensamento doutrinário daquele segmento da sociedade, tão importante para essa finalidade. "A minha conclusão é de que, no momento em que se realizavam as eleições de 1982, os militares tinham, de fato, desenvolvido mudanças na doutrina formal e nas atitudes informais de apoio à liberalização, mas que o peso avassalador da doutrina da lei e das atitudes estava longe de aceitar a democratização" é a sua afirmativa, após entrevistas com muitos oficiais da reserva que tiveram grande importância nos processos de implementação da ditadura, de criação das legislações de exceção e na condução dos processos de distensão e abertura.[8]

Mas esse processo de abertura não pode ser visto sem uma análise, ainda que sucinta, do período mais duro do regime brasileiro, que ocorreu entre os finais de 1968 e os meados do governo Geisel. Devem ser considerados como seus parâmetros cronológicos a decretação do Ato Institucional n. 5, em 10 de dezembro de 1968, como marco inicial, ainda no governo do marechal Costa e Silva; seu ápice, com o governo Médici, e, finalmente, os primeiros sinais de liberalização, com a chegada de Geisel à Presidência e suas medidas específicas destinadas a colocar um freio nos radicais de direita, acontecimento que foi altamente dinamizado com as reações da sociedade civil contra os assassinatos de Wladimir Herzog e de Manuel Fiel Filho, nas dependências do DOI-Codi paulista. Dessa direita, um nome que acabou sendo visto como símbolo do continuísmo militar foi o general Sylvio Frota, ministro do Exército de Geisel, por ele substituído pelo general Fernando Belfort Bethlem, ainda que não se tratasse de uma verdade indiscutível, pois se esse general era direitista e favorável ao continuísmo do regime castrense, era adversário dos torturadores.

Nesse processo teve um grande papel o mesmo elemento que respondeu pela instalação de boa parte do aparato de repressão da ditadura, general Golbery do Couto e Silva, que ocupou o cargo de chefe do Gabinete Civil de Geisel e manteve o posto no decorrer dos primeiros tempos do governo Figueiredo, até as decorrências do episódio do Riocentro. Assim foi, uma vez que Golbery, de fato, desempenhou as funções de estrategista político de Geisel, posição que manteve até o citado acontecimento terrorista da direita, e que teve continuidade com a sua substituição pelo jurista Leitão de Abreu, ele também um cola-

---

[8] STEPAN, Alfred. *Os militares: da abertura à Nova República*. 2. ed. Rio de Janeiro: Paz e Terra, 1986, v. 92. Trad. Adriana López e Ana Luíza Amendola. (Estudos Brasileiros).

borador dos militares de linha dura, pois foi chefe do Gabinete Civil de Médici e seu condutor político.

Deve ser considerado, ainda, que apesar de Figueiredo haver subido ao poder com o objetivo de conduzir o processo de abertura, essa política não foi levada totalmente sem empecilhos, causados pela direita extremada, da qual os nomes mais significativos foram os dos generais Newton Cruz e Rubem Ludwig, entre outros, bem como pelas atitudes e declarações estabanadas de Figueiredo. Assim, esse processo somente se desenvolveu, de maneira eficaz, dos meados para o final do governo desse presidente, com a aproximação do problema sucessório e a definição de como iria ocorrer tal processo, se pela eleição direta, como o pretendeu instituir a emenda Dante de Oliveira, se pela indireta, como de fato ocorreu.

Início da liberalização do regime sob Geisel: uma retrospectiva

O período por excelência do arbítrio desenfreado na vida política brasileira decorreu entre a decretação do Ato Institucional n. 5, em dezembro de 1968, ainda quando o governo era exercido pelo marechal Costa e Silva, e durou intacto até o final do período Médici, iniciado em 1974, no decorrer do qual ainda se manifestaram os abusos policiais e dos militares relacionados com a polícia política, operando nos DOI-Codis e nos órgãos de informações das três Forças Armadas, o CIEX, Centro de Informações do Exército, o CISA, da Aeronáutica, e o mais antigo de todos, nesse gênero de atividade, o CENIMAR, da Marinha.

Mas o arbítrio não se limitava a esses grupos militares. O próprio governo Geisel o praticou, ainda que sem a constância dos presidentes militares anteriores, e que nem fosse um adepto do uso da tortura, que reprimiu, na medida do possível. Traduziu-se o arbítrio de Geisel tanto pelas decretações de leis casuísticas, como o Pacote de Abril, alterando arbitrariamente a legislação eleitoral, criando a figura bizarra do senador biônico e introduzindo modificações decretadas no sistema judiciário, quanto pelas cassações de alguns dos mandatos parlamentares mais significativos, em virtude de seu cunho oposicionista mais enérgico.

Apesar de estar empenhado em controlar os atos dos grupos militares da linha dura e dos organismos de segurança e deixar claro que o poder final era seu, o general Geisel foi dos mais autoritários, até por questão de temperamento. Mas mesmo esse seu traço de personalidade não pôde, de imediato, fazer-se prevalecer sobre seus companheiros de farda situados nos pontos mais à direita do espectro político. Foi somente com as mortes de Wladimir Herzog e de Manuel Fiel Filho que realmente teve os meios para deter os atos abusivos desses militares, ainda que as possibilidades ocasionais de ação desses setores viessem a se manter até o governo Figueiredo.

De fato, apesar de bastante limitadas, as possibilidades de atuação dessa direita extremada manteve-se ainda no decorrer do último governo militar, quando ainda praticaram bom número de atentados contra bancas de jornal que se dedicavam à venda de publicações esquerdistas, contra várias personalidades da oposição e com relação a algumas das mais destacadas entidades da sociedade civil. Tais foram os casos da Ordem dos Advogados do Brasil, seção do Rio de Janeiro, à qual remeteram a 27 de agosto de 1980 uma carta-bomba, que matou uma funcionária administrativa da entidade, a secretária Lyda Monteiro da Silva; a explosão realizada na Câmara Municipal do Rio de Janeiro, com uma bomba colocada no gabinete do vereador Antônio Carlos de Carvalho, no mesmo dia em que explodiu o artefato que matou Lyda Monteiro e que mutilou e cegou o assessor parlamentar José Ribamar de Freitas.

Desses atentados, os mais rumorosos foram os que resultaram no assassinato do jornalista de tendência direitista Alexander von Baumgarten[9], sua mulher e um barqueiro que os conduzia para uma pescaria, e o atentado a bomba contra o Riocentro, em 2 de maio de 1980, local onde se realizava um espetáculo musical promovido por entidades ligadas à esquerda, havendo ainda outros de menor repercussão.

O atentado do Riocentro, aliás, pôde ser totalmente desmascarado porque falhou, uma vez que a bomba que deveria ser colocada naquele recinto acabou explodindo no colo de um sargento do Exército, Guilherme Pereira do Rosário, ao lado de um capitão, Wilson Luiz Chaves Machado, ambos ligados ao serviço secreto do Exército, quando estavam, ainda, no estacionamento daquele recinto de espetáculos, no interior do carro de um desses terroristas fardados. Nessa explosão, o sargento Rosário morreu instantaneamente e o capitão Chaves Machado ficou bastante ferido, e os comandos do Exército não tiveram como responder às exigências da imprensa e das lideranças civis, entre elas o senador por Minas Gerais, Tancredo Neves, os juristas Dalmo de Abreu Dallari, Sobral Pinto e Hélio Bicudo, o cardeal de São Paulo, d. Paulo Evaristo Arns e outros, que se manifestaram energicamente.

Em face desse episódio, o Alto Comando do Exército somente pôde emitir

---

[9] Alexander von Baumgarten esteve bastante ligado ao aparelho repressivo, especialmente à chamada comunidade de informações. Nesse sentido, recebeu vultosos empréstimos para a republicação da revista *O Cruzeiro*, que havia encerrado suas atividades depois da morte de seu diretor, o jornalista Assis Chateaubriand. Os processos de liberalização do regime e o de posterior abertura, entretanto, fizeram com que Von Baumgarten acabasse se transformando num elemento incômodo para o sistema, uma vez que sabia muito sobre os membros da repressão e da espionagem e, por seu caráter mercenário, poderia tornar-se delator. Daí o seu assassinato, que foi visto na ocasião como "queima de arquivos", numa interpretação que muito aproxima o seu caso com a morte do delegado Sérgio Fleury.

um comunicado dos menos convincentes, do qual se encarregou o coronel Job Lorena de Santana. Esse oficial limitou-se a exibir fotos muito pouco esclarecedoras sobre o fato e a eximir de culpa os dois militares que se encontravam portando o artefato. Não explicou, todavia, que faziam no local os dois atingidos pela explosão da bomba que portavam. Os repórteres presentes ao ato explicativo não puderam fazer perguntas ao coronel, que se limitou a ler o comunicado oficial e exibir as projeções das fotos. Entretanto, não saíram do recinto convencidos da veracidade das palavras do coronel Santana.

Essa explosão desmascarou totalmente a direita militar e acabou sendo o motivo de exigências das mais enérgicas de que tal setor fosse neutralizado. Motivou, igualmente, a saída do general Golbery da chefia do Gabinete Civil do presidente Figueiredo, uma vez que entendeu ele não estar o governo agindo com a necessária rapidez na apuração dos fatos. Vale dizer, ainda, que o coronel Lorena de Santana esteve entre os elementos que em 1982 procuraram criar dificuldades à posse de Brizola como governador do Estado do Rio de Janeiro.

Quanto à morte de Baumgarten e seus acompanhantes, o elemento apontado como responsável foi o general da ativa Newton Cruz, que vários indícios mostraram estar realmente envolvido, mas que foi processado e absolvido. Essa absolvição, ao que parece, montada, não convenceu grandemente qualquer setor da opinião pública, tal como o caso do Riocentro, que acabou fazendo mais estragos nas fileiras do governo, em especial com a saída do general Golbery do Couto e Silva do cargo de chefe do Gabinete Civil da Presidência da República, em agosto de 1981.

Esses atos de violência marcam o estertor da ditadura. Pouco depois, veio a campanha das Diretas Já, que, mesmo derrotada, influenciou a vida política do país no sentido de que o eleito pelas eleições indiretas fosse um oposicionista, o veterano Tancredo Neves, falecido antes de tomar posse. Mas mesmo assim, paulatinamente, a máquina da ditadura pôde ser neutralizada.

BIBLIOGRAFIA

ABREU, Hugo. *O outro lado do poder*. Rio de Janeiro: Nova Fronteira, 1979.
Adusp. *Adusp – Associação de Docentes da Universidade de São Paulo. O Livro Negro da USP. O controle ideológico na Universidade*, organizado por Modesto CARVALHOSA, Eunice Ribeiro DURHAN, Maria Carolina Soares GUIMARÃES, Jessita Nogueira MOUTINHO, Antônio Carlos Martins de CAMARGO, Alberto Luís da Rocha BARROS e Percival BROSIG. 2. ed. São Paulo: Brasiliense, 1979.
ATAS das reuniões da Congregação da Faculdade de Filosofia, Ciências e Letras da Universidade de São Paulo, de abril de 1964 a maio de 1969.
BARROS, Alberto Rocha. *Que é o fascismo*. Rio de Janeiro: Laemmert, 1969. Contém Prefácio "Um mestre do Direito e da vida", de Luiz Alberto MONIZ BAIDEIRA. (Cultura Popular).
BARROS, Roque Spencer Maciel de. *O fenômeno totalitário*. Belo Horizonte/São Paulo: Itatiaia/EDUSP, 1990.
BENEVIDES, Maria Victoria de Mesquita. *A UDN e o udenismo. Ambiguidades do liberalismo brasileiro. (1945-1965)*. Rio de Janeiro: Paz e Terra, 1981, v. 51. (Estudos Brasileiros).
CASTRO, Marcos de. *64: conflito Igreja x Estado*. Petrópolis: Vozes, 1984.
COMISSÃO JUSTIÇA E PAZ DA CÚRIA METROPOLITANA DE SÃO PAULO. *Brasil: nunca mais*. 8. ed. Petrópolis: Vozes, 1985. Contém Prefácios de Dom Paulo Evaristo ARNS e de Phillip POTTER.
D'ARAÚJO, Maria Celina; SOARES, Gláucio Ari Dillon; CASTRO, Celso (orgs.). *Visões do golpe. A memória militar sobre 1964*. 2. ed. Rio de Janeiro: Relume Dumará, 1994.
DREIFUSS, René Armand. *1964: a conquista do Estado. Ação política, poder e golpe de classe*. 2. ed. Petrópolis: Vozes, 1987.
DUARTE, Paulo. *Memórias*. São Paulo: Hucitec, 1974/1980, 10 vols.
_____. *O processo dos rinocerontes. (Razões de defesa e outras razões...)*. São Paulo: s/ed., 1967.
FERNANDES, Florestan. *A Sociologia no Brasil. Contribuição para o estudo de sua formação e desenvolvimento*. Petrópolis: Vozes, 1977, v. 7. (Sociologia Brasileira).
_____. *A questão da USP*. São Paulo: Brasiliense, 1984.

_____. *Universidade brasileira: reforma ou revolução?* São Paulo: Alfa-Ômega, 1975, v. 3. (Biblioteca Alfa-Ômega de Ciências Sociais. Série Sociologia).

KINZO, Maria D'Alva Gil. *Oposição e autoritarismo. Gênese e trajetória do MDB. 1966-1979.* São Paulo: Vértice/Revista dos Tribunais/IDESP-Instituto de Estudos Sociais e Políticos, 1988. (História Eleitoral do Brasil).

LIMA, Luiz Gonzaga de Souza. *Evolução política dos católicos e da Igreja no Brasil. Hipóteses para uma interpretação.* Petrópolis: Vozes, 1979, v. 8. Publicações CID. (Série História.)

MAINWARING, Scott. *Igreja Católica e política no Brasil. 1916-1985.* São Paulo: Brasiliense, 1989.

MARTINS, Carlos Benedito. *Ensino pago: um retrato sem retoques.* 2. ed., São Paulo: Cortez, 1988.

MARTINS, Wilson. *História da inteligência brasileira.* São Paulo: Cultrix/EDUSP, 1978, v. VI.

MOISÉS, José Álvaro. Brasil, a transição sem ruptura. *In: Militares: pensamento e ação política*, organizado por Eliézer Rizzo de Oliveira. Campinas: Papirus, 1987, v. 1. (Forças Armadas e Sociedade).

MONIZ BANDEIRA, Luiz Alberto. Um mestre do Direito e da vida. Prefácio a *Que é o fascismo*, de Alberto Rocha BARROS. Rio de Janeiro: Laemmert, 1969. (Cultura Popular).

MONTEIRO LOBATO, J. B. *Mr. Slang e o Brasil e O problema vital.* São Paulo: Brasiliense, 12. ed., 1968, v. 8. (Obras Completas de Monteiro Lobato. Série, Literatura Geral).

MORAIS, Fernando. *Chatô. O rei do Brasil.* São Paulo: Companhia das Letras, 1994.

MOREIRA ALVES, Maria Helena. *Estado e oposição no Brasil. (1964-1984).* Trad. Clovis Marques. Petrópolis: Vozes Ltda., 1984.

PRADO Jr., Caio. *A revolução brasileira.* São Paulo: Brasiliense, 1966.

RODRIGUES, José Honório. *Conciliação e reforma no Brasil. Um desafio histórico- -cultural.* 2. ed. Rio de Janeiro: Nova Fronteira, 1982. (Logos).

SANTOS, Maria Cecilia Loschiavo. *Maria Antônia: uma rua na contramão.* São Paulo: Nobel, 1988.

SILVA, Hélio. *1937. Todos os golpes se parecem.* Rio de Janeiro: Civilização Brasileira, 1970, v. 11–H. (Documentos da História Contemporânea", Série O ciclo de Vargas).

_____. *1964. Vinte anos de Golpe Militar.* Porto Alegre: L&PM, 1985. (Universidade Livre).

SKIDMORE, Thomas. *Brasil: de Castelo a Tancredo.* Trad. Mário Salviano Silva. Rio de Janeiro: Paz e Terra, 1988.

_____. *Brasil: de Getúlio a Castelo.* Trad. Ismênia Tunes Dantas e outros. Rio de Janeiro, 1969.
SODRÉ, Nelson Werneck. *História da História Nova.* Petrópolis: Vozes, 1986.
_____. *Memórias de um soldado.* Rio de Janeiro: Civilização Brasileira, 1967, v. 273. (Retratos do Brasil).
SOUZA, Luiz Alberto Gómez de. *A JUC: os estudantes católicos e a política.* Petrópolis: Vozes, 1984, v. 11. (Publicações CID, Série História).
STEPAN, Alfred. *Os militares: da abertura à Nova República.* 2. ed. Rio de Janeiro: Paz e Terra, 1986, v. 92. Trad. Adriana López e Ana Luíza Amendola. (Estudos Brasileiros).